CATALOGUE

DE

LIVRES RARES ET PRÉCIEUX

IMPRIMÉS ET MANUSCRITS

LA PLUPART FRANÇAIS ET LATINS

PROVENANT DE LA

BIBLIOTHÈQUE DE M. ROBERT S. TURNER

LA VENTE AURA LIEU

Le mardi 12 mars 1878, et les quatre jours suivants
à une heure et demie de l'après-midi

Hôtel des Commissaires-Priseurs, rue Drouot, 5

AU PREMIER, SALLE N° 3

Par le Ministère de Me MAURICE DELESTRE, commissaire-priseur
Successeur de Me DELBERGUE-CORMONT
Rue Drouot, 23

Livres d'heures manuscrits avec miniatures,
Classiques latins et français,
Éditions des Alde et des Elzevier,
Poètes français des XVe et XVIe siècles.
Romans de chevalerie et autres,
Contes, Nouvelles et Facéties.
Ouvrages rares sur le protestantisme et l'histoire de
France.
Livres rares et curieux en divers genres.
Belles reliures françaises anciennes et modernes,
Exemplaires d'amateurs célèbres. etc., etc.

PARIS

ADOLPHE LABITTE

LIBRAIRIE DE LA BIBLIOTHÈQUE NATIONALE
4, rue de Lille, 4

1878

AF266245

CATALOGUE

DES

LIVRES RARES ET PRÉCIEUX

DE LA

BIBLIOTHÈQUE DE M. ROBERT S. TURNER

8° Q 2

3254

LA VENTE AURA LIEU

Le mardi 12 mars 1878, et les quatre jours suivants
à une heure et demie de l'après-midi

Hôtel des Commissaires-Priseurs, rue Drouot, 5

AU PREMIER, SALLE N° 3

Par le ministère de Me MAURICE DELESTRE, commissaire-priseur,
Successeur de Me DELBERGUE-CORMONT,
Rue Drouot, 23

Assisté de M. L. Potier, ancien libraire, rue de l'Abbaye, 14

et de

M. ADOLPHE LABITTE, libraire de la Bibliothèque nationale, rue de Lille, 4.

———

Voir l'*Ordre des vacations* en tête du Catalogue.

———

Il y aura exposition particulière de la bibliothèque, dans ladite salle de vente, le lundi 11 mars 1878, de DEUX heures à QUATRE.

Chaque jour de vente il y aura exposition publique à UNE heure de l'après-midi.

———

CONDITIONS DE LA VENTE.

5 °/₀ payables par les acquéreurs en sus des enchères.

Les livres vendus devront être collationnés sur place dans les vingt-quatre heures de l'adjudication. Passé ce délai, ou une fois sortis de la salle de vente, ils ne seront repris pour aucune cause.

M. ADOLPHE LABITTE, libraire, remplira les commissions des personnes qui ne pourraient assister à la vente.

Paris. — Typographie Georges Chamerot, rue des Saints-Pères, 19. — 6657.

CATALOGUE

DE

LIVRES RARES ET PRÉCIEUX

IMPRIMÉS ET MANUSCRITS

LA PLUPART FRANÇAIS ET LATINS

PROVENANT DE LA

BIBLIOTHÈQUE DE M. ROBERT S. TURNER

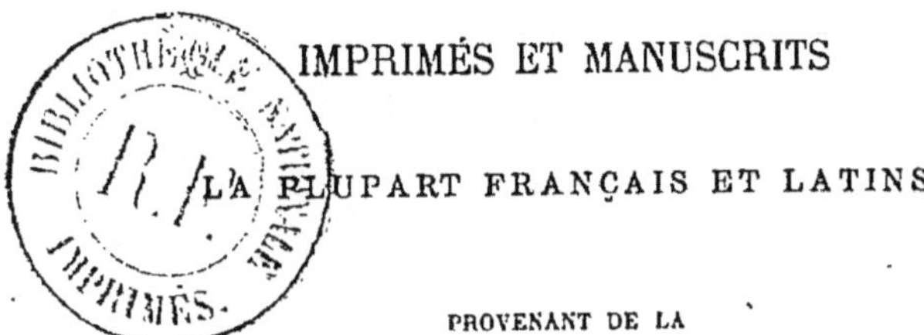

Livres d'heures manuscrits avec miniatures,
Classiques latins et français,
Éditions des Alde et des Elsevier,
Poètes français des XVᵉ et XVIᵉ siècles,
Romans de chevalerie et autres,
Contes, Nouvelles et Facéties,
Ouvrages rares sur le protestantisme et l'histoire
de France.
Livres rares et curieux en divers genres,
Belles reliures françaises anciennes et modernes,
Exemplaires d'amateurs célèbres, etc., etc.

PARIS

ADOLPHE LABITTE

LIBRAIRE DE LA BIBLIOTHÈQUE NATIONALE

4, rue de Lille, 4

—

1878

ORDRE DES VACATIONS.

FIN DE L'ORDRE DES VACATIONS.

La bibliothèque de M. Robert Turner est trop honorablement connue en Angleterre et en France, pour qu'il soit nécessaire d'entrer dans de longues digressions sur ce qu'offre de plus remarquable la partie de cette bibliothèque dont nous donnons ici le catalogue. Nous nous bornerons donc à en dire quelques mots.

Les amateurs anglais, ainsi qu'un grand nombre de bibliophiles de France, savent que M. R. T., qui possède les connaissances bibliographiques les plus variées, avait eu, à une époque déjà ancienne, la pensée de réunir en exemplaires choisis avec soin les monuments les plus précieux, les pièces les plus rares des littératures anglaise, espagnole, italienne et française. Pour atteindre ce but, il n'avait rien épargné : le temps, l'argent, les peines, les voyages, rien ne lui avait coûté.

Mais la réalisation d'un pareil projet, poursuivie avec tant d'ardeur, devait fatalement se heurter contre un obstacle inévitable, l'accumulation, l'amoncellement des livres. **La** place avait fini par manquer dans la maison. L'ordre ne pouvait plus y être établi que difficilement; en un mot, il y avait encombrement. L'amateur en était arrivé à ne pouvoir plus même jouir de ses livres de prédilection. Ce qui pendant tant d'années avait été sa joie et son délassement, était devenu un embarras sérieux et une fatigue incessante.

Il fallait donc prendre un grand, un rigoureux parti. C'est dire que **M. R. T.** dut se résigner à faire le sacrifice d'une partie de sa bibliothèque, sacrifice devant lequel il eût peut-être encore longtemps hésité si l'état d'une santé de plus en plus chancelante ne lui en avait fait comprendre la dure nécessité.

La partie de sa bibliothèque que **M. R. T.** s'est déterminé à vendre est la partie française.

Ayant eu l'honneur d'être consultés par lui, nous n'avons pu qu'applaudir à son choix, en ajoutant le conseil de faire faire la vente à Paris. En cela nous avons été guidés par le désir de lui être utile, et en même temps, nous l'avouerons, par le plaisir de voir revenir en France de beaux livres qui en étaient sortis autrefois, peut-être sans exciter trop de regrets, mais qui, à l'heure présente, nous en avons la conviction, se verront à leur retour chaleureusement accueillis par les amateurs.

Nous appelons cette partie la *Partie française,* non pas parce qu'il n'y a que des livres français, car il y en a aussi beaucoup en latin et même quelques-uns en italien; mais nous voulons dire qu'elle se compose de

livres qu'on recherche en France, à divers titres, soit
à cause des sujets qui y sont traités, soit pour toute
autre cause.

Les livres qui se trouvent ici appartiennent en effet
à diverses spécialités intéressant les amateurs français.
Ainsi, on y remarquera des Elseviers, des ouvrages
ornés de figures, quelques manuscrits avec miniatures, une riche série de poëtes français des xv°, xvi°
et xvii° siècles, des éditions originales de nos grands
écrivains français, des livres en caractères gothiques,
poëtes, chroniques, mystères et romans de chevalerie,
des conteurs et des écrits facétieux, des ouvrages sur
le protestantisme, les guerres de religion, des pièces
sur l'histoire de France et surtout des exemplaires provenant de bibliothèques d'amateurs célèbres, tels que
Henri II, roi de France, Grolier, Laurin, J.-A. de Thou,
Eugène de Savoie, Longepierre, le comte d'Hoym,
Mme de Pompadour, Girardot de Préfond, le duc de la
Vallière, etc.

C'est principalement à cause du goût très-vif que
M. R. T. avait pour nos anciennes reliures et qui lui
en avait fait réunir un nombre assez considérable,
que cette collection doit attirer l'attention des amateurs. C'est cela surtout qui lui donne un caractère
tout particulier. Celles qui sont ici sont de nos plus
fameux relieurs, les Le Gascon, Du Seuil, Boyet, Padeloup, Derome, etc., et ce qui ajoute à leur mérite,
c'est qu'elles sont parfaitement conservées.

Les belles reliures modernes sont également nombreuses, notamment celles de notre excellent artiste

Trautz-Bauzonnet, qu'on recherche maintenant avec autant d'ardeur que celles de ses célèbres devanciers.

Pour donner une idée un peu plus complète de la collection, nous allons passer rapidement en revue les diverses sections du catalogue, en indiquant brièvement les articles qui nous ont paru les plus importants :

Dans la THÉOLOGIE on remarquera d'abord la Bible latine de Vitré, *Paris,* 1666, in-4, belle reliure de Du Seuil, en maroquin, doublé de mar., exempl. de M. de Noailles (nº 1); le *Pseautier de David,* Paris, 1586, in-4, mar., superbe reliure de la fin du xvi° siècle (nº 3); quelques manuscrits avec miniatures du xv° siècle (nºˢ 4, 24, 25); l'édition originale des *Icones Vet. Testamenti, Lugduni,* 1538 (nº 19); *Annotationes J. Lapidis contra Erasmum,* 1519, in-fol. superbe exemplaire de GROLIER (nº 22); *les Saintes Prières de l'âme. Paris,* 1649, in-8, charmante reliure de Le Gascon (nº 28); *Sermons de Bourdaloue,* Paris, 1707, 16 vol. in-8, mar. r. (nº 54); *Déclaration pour maintenir la vraye foi...* par Calvin, *Genève,* 1553, in-8, mar. livre très-rare, exempl. de Girardot de Préfond (nº 77); *Réponse au livre de Du Perron,* par Philippe de Mornay, *Saumur,* 1603, in-8, exemplaire de PHILIPPE DE MORNAY, avec deux pièces de vers de sa main adressées à son fils (nº 79); la série des ouvrages d'Ochin (nºˢ 99 à 107); *Spinosæ Opera,* 1677, in-4, mar. aux armes du comte d'Hoym (nº 112).

Dans la JURISPRUDENCE nous mentionnerons la précieuse édition du *Coustumier de Normandie,* 1483, in-fol. (nº 124), et le *Corpus Juris civilis,* Elzevier, 1681, 2 vol. en mar. reliés par Du Seuil.

Dans les SCIENCES ER ARTS, nous indiquerons : les *Essais de Montaigne,* Bordeaux, 1580, in-8, édition originale, exemplaire relié par Trautz-Bauzonnet (nº 145); la *Politique de l'Écriture Sainte,* par Bossuet, *Paris,* 1709, in-4,

mar. *aux armes du duc du Maine* (n° 160); l'*Arithmétique*
de J. Pelletier du Mans, *Lyon,* 1554, in-8, superbe reliure
en couleur *aux armes du cardinal de Lorraine* (n° 180); *le
Vite di architetti, pittori,* etc. du Vasari, *Firenze,* 1550, exemplaire de dédicace, aux armes de COME DE MÉDICIS (188); *De
gli habiti antichi,* da Vecellio, *Venetia,* 1590, in-8, mar. de
Trautz-Bauzonnet, précieux exemplaire NON ROGNÉ (191);
Suite d'estampes pour l'histoire des mœurs (fig. de Moreau),
in-fol. mar. (192).

La Classe des BELLES-LETTRES étant la plus riche, nous
sommes obligés d'abréger. Nous citerons, dans la linguis-
tique et les poëtes latins, le *Recueil de l'origine de la langue
et poésie françoise,* de Cl. Fauchet, *Paris,* 1581, in-4, vélin,
tr. dor. bel exempl. de J.-A. DE THOU (n° 206); *Deux dialogues du langage françois italianisé,* par H. Estienne. Genève, 1578, superbe ex. rel. par Trautz-Bauzonnet (n° 209);
Horatii Opera, Londini, J. Pine, 1733, 2 vol. in-8, mar. à
mosaïque, superbe reliure de Derome, ex. de *Lauraguais*
(n° 222); *Ovidii Fastorum libri,* Aldi, 1516, mar., exempl.
de LAURIN (n° 224); *Opera Jocunda J.-G.* ALIONI, *Astensis,*
1521, in-8, mar., livre des plus rares, ex. de M. Brunet
(n° 244).

Dans la POÉSIE FRANÇAISE, une des plus remarquables
séries de la collection, nous nous contenterons de signaler
le *Roman de la Rose,* très-beaux exemplaires des éditions
de Lyon, *Guillaume le Roy,* 1485, et de *Galiot du Pré,* 1529
(n°° 251 et 252); l'*Alain Chartier* de P. le Caron, 1489, et
celui de *Galiot du Pré,* 1529 (n°° 255 et 256); le *Champion des
dames,* de Lyon, Guillaume le Roy (vers 1485), in-fol. et de
Galiot du Pré, 1530 (n°° 257 et 258); le *Temple de J. Boccace, Paris,* 1517, in-fol. mar., livre de toute rareté, exemplaire de GAIGNAT (n° 265); les *Œuvres de Guill. Coquillart,
Paris, Galiot du Pré,* 1532, pet. in-8, mar. exemplaire de
la Vallière, très-grand de marges (n° 268); les *Trois Comptes
intitulez de Cupido et Atropos,* par le Maire de Belges, *Paris,*
Galiot du Pré, 1525, in-8, très-rare (n° 275); les *Contro-*

verses des sexes masculin et féminin, Toulouse, 1534, in-fol. goth. mar. à compart., somptueuse reliure et chef-d'œuvre de Niedrée (n° 285); *Recueil des œuvres de Bonaventure des Periers, Lyon*, 1544, in-8, mar. bel exemplaire (287); les *Amours de Ronsard. Paris*, 1553; les *Œuvres de Du Bellay*, 1569, les *Odes d'Olivier de Magny* (n°ˢ 296, 298, 302); les *Œuvres de Ph. Des Portes*. Paris, 1601, in-8, mar. comp. exemplaire de Des Portes avec une magnifique reliure (n° 301); *Œuvres de Van der Noot*. Anvers, 1580, de la plus grande rareté (n° 309); *Fables de la Fontaine, Paris,* 1678-1694, 5 vol. in-12, mar. r. doublé de mar., exemplaire précieux pour sa belle reliure (n° 337); *Contes de la Fontaine*, Amsterdam, 1762, 2 vol. in-8, mar. r. large dent. (342); *la Muse folâtre, le Cabinet satirique*, 1666, le Parnasse Satirique, 1660 (132 mill. 1/2), rel. par Bauzonnet (n°ˢ 347 à 350); *Recueil des plus beaux airs, chansons à danser*, Caen, J. Mangeant, 1615, 3 part. en 1 vol., recueil des plus rares (n° 356).

La petite série des poëtes italiens est toute à citer (n° 369 à 377), notamment le Dante d'Alde, 1502, exemplaire très-grand de marges (164 mill.), exemplaire Sebastiani; *Il Petrarcha,* 1537, in-4, ex. de Baïf; *Sonetti del Sannazaro*, Aldi, 1534, in-8, v. à compart., exemplaire de Grolier; *Opere di Benivieni,* 1532, in-8, exemplaire du cardinal de Granvelle; *Orlando furioso,* Birmingham, Baskerville, 1773, 4 vol. gr. in-8, fig. mar.; Oronte Gigante, Vinegia, 1531, in-4, v. à compart., livre de la plus grande rareté, exemplaire aux chiffres de Henri II et de Diane de Poitiers.

Dans le théâtre nous ferons remarquer le Plaute variorum, *Lugd. Batav.*, 1664, 2 vol. in-8, mar. bl., aux armes de Longepierre; *le Mystère de la Passion*, Paris, Alain Lotrian, 1539, in-4, ex. du prince d'Essling (n° 393); *le Mystère des Actes des apôtres*, Paris, 1537, in-fol. mar., exemplaire de Delaleu (n° 395); *Œuvres de Molière, Paris,* 1739, 8 vol. in-12, mar. vert, relié par Derome (407); les éditions originales d'*Esther et d'Athalie* de Racine, 1689 et 1792, in-12 (n°ˢ 411 et 412).

Dans les romans grecs et latins, nous signalerons les *Amours de Daphnis et Chloé*, 1718, édition du régent, in-8, mar., *aux armes de Luxembourg*, et celle de 1731, avec une curieuse reliure à mosaïque dorée par Monnier (n⁰ˢ 422 et 423); le *Pétrone* variorum, Amst., 1669, in-8, mar. doublé de mar., belle reliure de Boyet (n° 425).

La série entière des romans de chevalerie est à citer (n⁰ˢ 429 à 443), notamment : l'*Arbre des batailles*, édition de Vérard, 1493, in-fol. mar. ; *Lancelot du Lac*, Paris, 1533, exemplaire de M. Cigongne; *Meliadus de Leonois*, 1528, superbe exemplaire; *Tristan*, 1533, in-fol., mar. de Bauzonnet; *Chroniques de Turpin*, 1527, in-4 ; *Olivier de Castille*, Lyon, 1546, in-4, ex. de GAIGNAT ; *Ponthus*, Paris, J. Jehannot, s. d.; *le Roman de la belle Helaine*, Paris, J. Trepperel, s. d.; *l'Histoire de Pierre de Provence*, Paris, J. Trepperel, s. d. (trois éditions signalées ici pour la première fois); les *Faits du chevalier* JASON (Lyon, vers 1481), édition rarissime, exemplaire de Girardot de Préfond, de la Vallière, etc. (n° 439).

Dans les autres romans et dans les contes et facéties, nous trouvons encore les *Œuvres de Rabelais*, 1553, in-16, première et rare édition collective (n° 445); le *Roman bourgeois de Furetière*, Paris, 1666, ex. du comte d'Hoym (n° 451); *Histoire de Gil-Blas*, Paris, 1747, 4 vol. (n° 467); divers romans de Rétif de la Bretonne, rel. en maroquin (n⁰ˢ 483 à 494); *les Amours de Faublas*, Paris, an VI, 4 vol. in-8, superbe exempl. en papier vélin, figures avant la lettre, rel. en mar. citron par Trautz-Bauzonnet (n° 496); *les Nouvelles Récréations de Bonav. des Perriers*, Lyon, 1558, pet. in-4, mar. de Trautz-Bauzonnet (499); *Il Decamerone di Bocaccio*, éditions rares de Giolito, 1542 et 1548, de Lyon, Roville, 1555, des Elzeviers, 1665, de Paris, 1757, superbes exemplaires, ornés de belles reliures (n⁰ˢ 508 à 512); *Discours d'aucuns propos rustiques* (de Noël du Fail), Paris, 1548, in-16, édition rarissime, exemplaire de *Charles Nodier* (n° 518); Œuvres de Bruscambille et Tabarin (n⁰ˢ 525 à 532); *Roger-Bontemps en belle humeur*, Cologne, 1670, in-12, mar. citr. de Trautz-Bauzonnet (539) ; *le Triumphe des Dames*, Paris, *P. Sergent*, s. d., in-4, goth. (551) ; *les Quinze Joies de mariage*, Paris, Jehan Jehannot, s. d., in-4, goth., édition restée inconnue jusqu'ici (555).

Dans la Philologie et les Polygraphes, nous indiquerons : l'*Apologie pour Hérodote*, par H. Estienne, *la Haye*, 1735, 3 vol. mar. citr. reliés par Padeloup (n° 564) ; *les Proverbes communs*, s. d., in-4, goth. (n° 570) ; *Dialogues d'Oratius Tubero*, 1606, in-4, mar., rel. de Boyet, *aux armes de madame de Pompadour* (n° 179) ; *Ciceronis Opera*, Amst., *Elzevier*, 1661, 2 vol. in-4, mar. r. doublés de mar. r., relié par *Du Seuil*, superbe exemplaire *aux armes de Cossé-Brissac* (589) ; *Ouvrages de prose et de poésie de Maucroix et la Fontaine. Paris*, 1685, 2 vol. in-12, mar. r. doublé de mar. r. fleurdelisés (n° 599).

L'Histoire, sans être aussi riche que les Belles-Lettres, nous offre encore un bon nombre de livres précieux; nous y ferons remarquer *le Livre appellé Mandeville*, Lyon, Barthélemy Buyer, 1480, pet. in-fol. mar. r. Bel exemplaire presque unique de ce livre précieux (n° 611) ; *la Mer des Hystoires*, Paris, Pierre Le Rouge, 1488, première édition, superbe exemplaire en mar. par Trautz-Bauzonnet (n° 618) ; *la Chronique Martiniane*, Paris, Vérard, s. d., in-fol. mar. rel. par Trautz-Bauzonnet (619) ; *Discours sur l'Histoire universelle de Bossuet*, édition originale, Paris, 1681, in-4, mar. r. Du Seuil, exemplaire aux armes du chancelier Le Tellier (n° 620) ; *Histoire ecclésiastique de Fleury*, Paris, 1758, 42 volumes in-12, mar., aux armes de Madame Victoire de France (n° 623) ; Ouvrages divers sur les Albigeois et les Vaudois (n°ˢ 640 à 648 et 658) ; Histoire des Variations, par Bossuet. *Paris*, 1688, 2 vol. in-4, mar. r. (Du Seuil), aux armes de Ch. de Loménie (n° 651) ; Recueil de pièces sur l'histoire de France, 1 vol. in-8, aux armes de J.-A. de Thou (670); *Chroniques de Monstrelet*, Paris, Anthoine Vérard, s. d., 2 vol. in-fol. goth., première édition, ex. de La Vallière (673) ; *la Chronique de Louis unziesme*, Paris, 1558, in-8, mar., aux armes de J.-A. de Thou (675) ; *Recueil de choses mémorables advenues sous la ligue*, 1587, 2 tom. en 6 vol. mar., ex. de madame de Pompadour (692); *Recueil des portraits de Mademoiselle*, Paris, 1659, in-8, mar., exemplaire de MADEMOISELLE et à ses armes (710); *Histoire de Reims*, par Anquetil, *Reims*, 1756, 3 vol. in-12, mar., riche reliure aux armes de LAMOIGNON (724); *la Légende des Flamands, Paris*, 1522, in 4, goth. vélin, très-bel exemplaire (1734); *Histoire du cardinal Ximénès*, par *Fléchier, Paris*, 1693, in-4, mar. (Du Seuil), édition originale (738); ouvrages sur Marie Stuart par Belleforest, Blacwood, etc. (n°ˢ 741 à 744); *Œuvres de Brantôme*, la Haye, 1740, 15 vol. in-12, mar., etc., etc.

CATALOGUE

DES

LIVRES RARES ET PRÉCIEUX

DE LA

BIBLIOTHÈQUE DE M. R. S. T.

THÉOLOGIE.

I. ÉCRITURE SAINTE.

1. Biblia sacra, vulgatæ editionis, Sixti V et Clementis VIII auctoritate recognita, editio nova, notis chronologicis et historicis illustrata. *Parisiis, excudebat Antonius Vitré*, 1666, in-4 à deux col., réglé, mar. rouge, doublé de mar. rouge, dos orné, dent. int. et fil. sur les plats, tr. dor. (*Du Seuil.*)

Édition estimée. C'est un des exemplaires auxquels l'imprimeur J. Petit a ajouté les *Tabulæ sacræ geographicæ*, d'A. Lubin, imprimées par lui en 1670, 36 pages.

Superbe exemplaire du comte Just de Noailles, depuis duc de Poix. (Vente faite à Londres, en 1835.)

2. Psalterium, reliquaque sacrarum literarum carmina et precationes, cum argumentis... Sebastiano Castalione interprete. *Basileæ, ex officina Joannis Oporini, anno M.D. XLVII*, pet. in-8, mar. br. tr. dor. bords avec garniture d'argent.

Reliure du seizième siècle à compartiments, avec incrustations de maroquin noir. On lit sur le plat recto : Convent. concept. capucin. Parisiens. et au milieu de l'un et l'autre plat : Neminem Laendens neminem timebis.

Sébastien Chateillon, dit Castalion, théologien protestant, né en 1515 en Dauphiné, est mort à Bâle en 1563.]

R. 1

3. LE PSEAULTIER DE DAVID, contenant cent cinquante pseaumes (en latin). Avec les Cantiques, ausquels les accens requis et nécessaires pour bien prononcer chacun mot, sont diligemment obseruez. *Paris, Jamet Mettayer,* 1586, gr. in-4, réglé, mar. ol. compart. tr. dor. (*Reliure du XVIe siècle.*)

C'est un de ces livres que Henri III faisait imprimer pour sa chapelle et pour l'usage de sa cour.

La reliure, des plus riches et des plus belles, est entièrement couverte de dorures à petits fers, volutes, rinceaux de feuillages, marguerites, papillons, emblèmes du Saint-Esprit, etc.

4. LES PSEAUMES DE DAVID et les Hymnes des fêtes de l'Eglise (en latin). Gr. in-8, v. à compart. tr. dor.

Beau manuscrit du quinzième siècle, sur VÉLIN, orné de 12 petites miniatures au calendrier placé en tête du volume, de belles bordures et de grandes et petites initiales en or et en couleur.

La reliure, qui est du commencement du dix-septième siècle, est parsemée sur le dos et sur les plats d'aigles à deux têtes, d'hermines et de lions. Au milieu sont les armes de CH. BRISARD-TIVILLE, conseiller au Parlement de Paris, 1623-1656. (*Armorial du Bibliophile,* par J. Guigard.)

5. Ils Psalms da David, suainter la melodia francêsa, schantæda eir in tudaisch træs Dr Ambrosium Lobvasser... *In Basel, J.-Jac. Genath,* 1661, in-12, chagrin noir, tr. dor. (*Rel. anc.*)

Les ouvrages écrits comme celui-ci en langue *rumansch* de l'Engadine (en Suisse) sont très-rares, surtout en bon état.

6. Réflexions chrétiennes sur les sept Pseaumes de la pénitence, par sœur Marie Dorieu de Saint-Bazile, religieuse de l'Assomption. *Paris, veuve P. Bouillerot,* 1690, in-12, 8 fig., réglé, mar. r. dos et coins ornés, tr. dor.

Joli exemplaire aux armes d'un cardinal.

7. Le Dernier Volume de lanchien Testament contenant les prophetes : asçavoir Esaias : Jeremias : Hezechiel : Daniel : Oseas... (et les douze petits prophètes) : Selon la pure et entière translation de saint Hierome : esquelz sont contenus les grandz misteres de Jesuschrist et de son eglise

(par Le Fèvre d'Etaples), 1528. (Au recto de l'avant-dernier feuillet) : *Imprime en Anvers par Martin Lempereur le dixnœufiesme de septembre lan mil chinq cens et vingt huyt*, in-8, goth. titre avec encadr. gr. sur bois, marque de M. Lempereur au verso du dern. f. v. br.

Première édition.

▪C'est le complément de la traduction de l'Ancien Testament par Le Fèvre d'Etaples, dont une partie seulement a été imprimée à Paris. Cette traduction ayant été censurée par le Parlement, l'auteur fut obligé de faire imprimer la suite à Anvers. Les diverses parties en première édition, soit de Paris, soit d'Anvers, sont de la plus grande rareté. Martin Lempereur les réunit, en 1530, en un volume in-folio.

8. Sentimens de quelques théologiens sur l'histoire critique du Vieux Testament, composée par le P. Richard Simon de l'Oratoire (par J. Leclerc). *Amsterdam, H. Desbordes*, 1685. — Défense des sentimens de quelques théologiens de Hollande... (par J. Leclerc) contre la défense du prieur de Bolleville (R. Simon). *Amsterdam*, 1686, 2 vol. pet. in-8, réglés, mar. r. fil. tr. dor. (*Boyet.*)

Deux beaux volumes très-bien reliés, aux armes de Perrinet, seigneur de Jars du Pezeau. Quelques réparations ont été faites à la dorure.

9. Novum Testamentum ex bibliotheca Regia (græcè). *Lutetiæ, ex officina Roberti Stephani, typographi Regii*, 1549, 2 part. en 1 vol. in-16, réglé, mar. rouge, fil. tr. dor. (*Rel. anc.*)

Très-joli exemplaire de Ch. Nodier. Édition recherchée.

10. Novi Testamenti vulgata quidem æditio, sed quæ ad vetustissimorum utriusque linguæ exemplarium fidem, nunc demum emendata est diligentissime, ut nova non desideretur, adjectis scholiis, et doctis et piis... Authore Isid. Clario Brixiano Monacho Casinate. *Venetiis, apud P. Schœffer*, 1541, 2 vol. in-8, mar. vert, fil. dos fleurdelisé, tr. dor. (*Rel. anc.*)

Exemplaire portant la signature de Jacques Boileau, docteur de Sorbonne, frère de N. Boileau.

11. Le Nouveau Testament de Nostre-Seigneur Jesus-Christ, en françoys (par Robert Olivetan). (A

la fin :) *Imprimé à Lyon, par Jehan Barbou, s. d.*
(vers 1560), 2 part. en 1 vol. in-16, titre avec encadr. gravé sur bois, réglé, mar. br. tr. dor.
(*Trautz-Bauzonnet.*)

Édition non indiquée par M. Brunet.

12. Le Nouveau Testament, c'est-à-dire la Nouvelle
Alliance de N.-S. J.-C. (de la version de R. P.
Olivetan, revue et corrigée). *Se vend à Charenton,
par P. des Hayes et A. Cellier,* 1656. — Les
Pseaumes de David, mis en rime françoise par Cl.
Marot et Th. de Bèze (avec la musique). *Charen-
ton,* 1656, 2 tom. en 1 vol. in-12, réglé, mar. à
riches comp. à petits fers, tr. dor. (*Rel. du temps.*)

13. Le Nouveau Testament de Nostre-Seigneur Jésus-Christ, traduit en françois, selon l'édition vul-
gate, avec les différences du grec (par MM. de
Port-Royal). *Mons, Gaspard Migeot (Amsterd.,
D. Elzevier),* 1667, 2 vol. pet. in-8 réglés, front.
gr., mar. bl. doublé de mar. r. dent. tr. dor.
(*Boyet.*)

Édition originale et la plus recherchée des nombreuses éditions de cette
célèbre traduction. Bel exemplaire.

14. Il Nuovo Testamento di Christo Giesu Signore
et Salvatore nostro. Di Greco tradotto in lingua
toscana, per Antonio Brucioli. (A la fin :) *Stampato in Venetia per Bartholomeo de Zanetti da
Bressa, nel anno di Signore,* M.D.XL, 2 part. en
1 vol. in-8, mar. br. tr. dor. (*Trautz-Bauzonnet.*)

Traduction rare. C'est la première du Nouveau Testament en italien.
La plus ancienne édition est de Venise, Luc Ant. Giunta, 1530. La seule in-
diquée par M. Brunet est de Lyon, 1549.
On sait que la traduction complète de la Bible par Brucioli, publiée à
Venise en 1532, a été mise au rang des livres hérétiques.

15. Il Nuovo ed eterno Testamento di Giesu Christo
(tradotto per Massimo Theophilo). *In Lione, per
Giouanni di Tornes et Guillelmo Gazeio,* 1556,
in-16, figures sur bois, mar. brun, jans. dent.
int. tr. dor. (*Trautz-Bauzonnet.*)

16. El Testamento nuevo de Nuestro Señor Jesu Christo... *En casa de Ricardo del Campo*, 1596, in-8, mar. bleu à comp. tr. dor. (*Bedford*.)

Cette traduction espagnole est de Cassiodore de la Reyna, avec quelques corrections de Cypriano de Valera. Rare.

17. Les Censures des théologiens de Paris, par lesquelles ils avoyent faussement condamné les Bibles imprimées par Robert Estienne... Avec la response d'iceluy. Traduictes de latin en françois (par R. Estienne). *S. l. (Genève). L'Olivier de Robert Estienne*, 1552, in-8, portr. ajouté, v. granit, dent. tr. dor. (*Rel. anc.*)

Livre fort rare. Exemplaire de MM. Ch. Giraud et SOLAR.

18. Testamentum XII patriarcharum, filiorum Jacob, per Robertum, Lincolnensem episcopum, e græco in latinum versum; Juliani Pomerii, Toletani episcopi, contra Judæos Libri III. *Haganoæ, J. Secerius*, 1532, in-8, mar. r. dos orné, fil. tr. dor. (*Padeloup*.)

Exemplaire de GIRARDOT de PRÉFOND et de MAC-CARTHY.

19. HISTORIARVM VETERIS INSTRVMENTI icones ad vivum expressæ. *Lugduni, sub scuto Coloniensi*, MDXXXVIII. (A la fin :) *Excudebant Lugduni Melchior et Gaspard Trechsel fratres*, 1538, in-4, fig. sur bois, mar. rouge, dos orné, fil. tr. dor. (*Rel. anc.*)

Édition originale qui contient les 92 gravures de Hans Holbein.
Bel exemplaire provenant de la bibliothèque de M. Coste, de Lyon, et auparavant d'un autre amateur de la même ville, Gay, architecte, qui mettait une petite étoile rouge sur le titre de ses livres.

20. L'HISTOIRE DU VIEUX ET DU NOUVEAU TESTAMENT, représentée avec des figures et des explications édifiantes tirées des SS. PP., dédiée à monseigneur le dauphin par le sieur de Royaumont (Nic. Fontaine et L.-I. de Sacy). *A Paris, chez Pierre Le Petit*, 1670, in-4, fig., mar. bleu, dos et plats ornés à la Du Seuil, dent. int. fil. tr. dor. (*Duru et Chambolle*.)

Édition originale. Exemplaire bien complet, avec les 4 feuillets coté

CCXCIX-CCCVI, placés entre les pages 296 et 297, et qui ne s'y trouvent pas toujours.

21. Les Figures du Nouveau Testament (avec un texte en flamand, par Guill. Borluyt). *Lyon, Jan de Tournes*, 1557, pet. in-8, fig. sur bois du petit Bernard, mar. vert, plats ornés, tr. dor. (*Lortic.*)

21 *bis*. Abrégé de la vie de Jésus-Christ, par Blaise Pascal, publié par M. Prosper Faugère. *Paris, Andrieux*, 1846. — Etudes sur Bl. Pascal, par A. Vinet. *Paris*, 1848, in-8, mar. bleu, dent. int. tr. dor. (*Duru.*)

22. ANNOTATIONES JACOBI LOPIDIS Stunicæ contra Erasmum Roterodamum in defensionem tralationis novi Testamenti. (A la fin :) *In Academia Compluten., per Arnaldum Gulielmum de Brocario, anno M.D.XIX*, in-fol. veau à compartiments noirs et or, dos fleurdelisé.

Exemplaire de GROLIER, avec TITRE, NOM et DEVISE. Beau volume très-bien conservé.

(Voir *Recherches sur J. Grolier*, par M. Le Roux de Lincy, pages 279 et 280.)

II. LITURGIE.

23. CEREMONIES de l'Eglise catholique pour le Bapteme, la Communion, la Benediction, l'Extreme-Onction et le Mariage. In-8, mar. r. compart. tr. dor. (*Le Gascon.*)

Manuscrit du dix-septième siècle, sur vélin, écrit en lettres romaines, 80 pages. Superbe reliure de LE GASCON, entièrement couverte de riches dorures à petits fers et au pointillé, parfaitement exécutée. On remarque au milieu des plats un chiffre composé de deux C entrelacés, couronnés de roses. Le même chiffre est répété sur le dos et à l'intérieur de la reliure.

24. HORÆ B. MARIÆ VIRGINIS. Pet. in-8, v. v. à compart. tr. dor. dans un étui en mar.

Manuscrit du quinzième siècle sur vélin, très-mince ; il est orné de bordures et d'un grand nombre d'initiales en or et en couleur. On y remarque en outre plusieurs petites miniatures dont sept sont délicatement peintes en or sur fonds de couleur, genre d'ornementation assez rare.

Riche et jolie reliure de la fin du seizième siècle, à volutes et rinceaux de feuillages, portant au milieu des plats recto et verso ces deux noms : *François Le Bigot* et *Perrette Damours*.

25. HORÆ. Pet. in-16, mar. r. dent. tr. dor. (*Rel. anc.*)

Joli manuscrit du commencement du seizième siècle, sur vélin très-fin. Il est orné de 13 grandes miniatures finement peintes et de nombreuses et belles bordures composées de fleurs, insectes, oiseaux délicatement peints sur fond d'or.

26. Horæ beatissimæ virginis Mariæ ad usum Romanum repurgatissimæ. *Antverpiæ, ex officina Christ. Plantini*, 1570, in-8, réglé, v. à comp. tr. dor. (*Rel. du XVIe siècle.*)

Ce volume est orné de 16 grandes figures gravées en taille-douce par Wiericx.

27. Journée sainte dédiée à Madame d'Orléans, ancienne abbesse de Chelles, par l'abbé Chauchon, aumônier de Mgr le duc d'Orléans. *Paris, Ph.-N. Lottin*, 1742, pet. in-12, fig., mar. vert, dos orné, dent. tr. dor.

Aux armes du duc d'Orléans, fils du Régent, frère de l'abbesse de Chelles, à laquelle le livre est dédié.

28. LES SAINCTES PRIERES DE L'AME CHRESTIENNE, escrites et gravées après le naturel de la plume, par P. Moreau, m^e escrivain juré. *Paris, Jean Henault*, 1649, pet. in-8, texte gravé, fig. finement gravées et jolis encadr. composés d'arabesques, mar. rouge, riches compart. doublé de mar. vert, compart. tr. dor. et peinte.

Charmante reliure ornée de riches et élégants compartiments couvrant entièrement les plats, chef-d'œuvre de dorure de LE GASCON.

Dans un écusson, au milieu des plats, on remarque un chiffre composé des lettres A. B. M. R. entrelacées.

III. SAINTS-PÈRES.

29. HENRICI CANISII ANTIQUÆ LECTIONES in quibus antiqua monumenta ad hist. mediæ ætatis illustrandam... *Ingolstadii*, 1601-1604, 6 vol. in-4, mar. r. tr. dor.

Superbe exemplaire aux armes de J.-A. DE THOU et de sa première femme, Marie de Barbançon-Cany. C'est l'exemplaire dont parle M. Brunet et qui a figuré à la vente Abrial en 1841.

L'édition de cette collection importante, publiée par Basnage sous le titre de *Thesaurus monumentorum ecclesiasticor. et historic.*, etc., n'a pas entièrement remplacé celle-ci. (Voir D. Clément, VI, pages 197-205.)

30. Harangue de sainct Basile le Grand à ses jeunes disciples et neveux, quel proffit ils peuvent tirer de la lecture des livres grecs des auteurs profanes, ethniques et payens. Traduit du grec en nostre langue, par Claude de Pontoux, de Châlon sur Sône. *Paris, Jehan le Roger, Ph. Danfrie et Pierre Hamon,* 1561, in-8, 20 ff. le dernier blanc, vél.

Édition très-rare, imprimée en caractères de civilité. Elle est restée inconnue à M. Brunet, qui cite une traduction moderne de cet opuscule, imprimée en 1819.

En tête de la traduction se trouvent plusieurs pièces de vers, dont deux de Cl. de Pontoux.

31. Synesii Cyrenæi episcopi epistolæ, gr., cum intepret. latina et notis. *Parisiis, Marcus Orry,* 1605, pet. in-8, mar. r. fil. tr. dor.

Aux armes et aux chiffres du président de Menars, acquéreur de la bibliothèque DE THOU.

Exemplaire de R. Heber.

32. D. Cæcilius Cyprianus ope veterum librorum repurgatus, et libris auctus, Gul. Morellii diligentia et labore. *Parisiis,* 1564, *apud Gul. Morellium, in Græcis typographum Regium,* in-fol. réglé, mar. olive à comp. de mar. rouge incrustés sur les plats, fil. tr. dor.

Exemplaire réglé.

Bel exemplaire dans sa première reliure du seizième siècle, et portant en trois endroits différents la signature de J.-A. DE THOU.

De la bibliothèque de M. J.-J. de Bure.

33. B. Hilarii Pictaviensis... ex opere historico fragmenta, nunquam antea edita. Ex biblioth. P. Pithœi. Ejusdem P. Pithœi vita (Josias Mercerus scripsit). *Parisiis, R. Nivelle,* 1598, in-8, mar. vert. (*Aux armes de J.-A. de Thou.*)

34. Sanctorum presbyt. Salviani Massiliensis et Vincentii Liriensis Opera, St. Baluzius emendavit,

notisque illustravit. *Parisiis, Fr. Muguet,* 1684, in-8, mar. r. fil. dos orné, tr. dor. (*Du Seuil.*)

35. Dialogus beati Gregorii pape. Ejusque diaconi Petri in IV libros divisus : de Vita et miraculis patrum italicor... (In fine :) *Impressus opera Vldarici Gering et Berchtoldi Renbolt (Parisiis)*, 1494, in-4, goth. br.

Exemplaire **NON ROGNÉ.**

IV. THÉOLOGIENS.

1. *Théologie scolastique et morale.*

36. Rabanus (Maurus) de sacramento Eucharistiæ... Accessit ejusdem argumenti Opusculum Bertramni presbyteri (de corp. et sanguine Domini). *Coloniæ, apud Joan. Quentel,* 1551, in-8, mar. vert, tr. dor.

Aux armes de J.-A. de Thou et de sa seconde femme, Gasparde de la Chastre. Sur le titre, la signature d'Etienne Baluze.

37. Onus ecclesiæ, Temporibus hisce deplorandis, Apocalypseos suis æque conveniens, Turcarumque incursui jam grassanti accommodatum... M.D.XXXI. (A la fin :) *Opus compilatum est anno* 1519, *sed in lucem editum typisquæ excusum anno* 1531, in-fol. mar. bl. dos orné, large dent. tr. dor.

Ouvrage rare, autrefois très-recherché, et qu'on a attribué à Jean, évéque de Chiem. Il est dirigé contre les abus qui s'étaient glissés dans l'Eglise et dans les mœurs des ecclésiastiques.
Bel exemplaire aux armes du duc de Brancas. Il a appartenu au fils du duc, le comte de Lauraguais, bien plus connu que son père, depuis duc lui-même et pair de France sous la Restauration. Il avait réuni une collection de livres précieux et bien reliés qui fut vendue par G. de Bure en 1770. Le présent volume figure sous le n° 57 du catalogue.

38. Loci præcipui de vi, usu et dignitate salutiferi baptismi, ex evangelistis et apostolis collecti a magistro Joachimo Westphalo, ecclesiæ Ham-

burg. pastore. *Argentorati, Bl. Fabricius,* 1556,
in-8, mar. r. dos orné, fil. tr. dor. (*Padeloup.*)

Exemplaire de Girardot de Préfond et de MAC CARTHY.

39. Confutatio aliquot enormium mendaciorum J.
Calvini, secuturæ apologiæ adversus ejus furores
præmissa a Joach. Westphalo ministro Ecclesiæ
apud Hamburgenses. *Vrsellis, Nic. Henricus,*
1558, in-8, mar. ol. tr. dor. (*Rel. angl.*)

40. Apologetica aliquot scripta magistri Joachimi
Vuestphali, quibus et sanam doctrinam de Eucha-
ristia defendit et fœdissimas calumnias sacramen-
tariorum diluit. *Vrsellis, excudebat Nicolaus Henricus,* 1558, pet. in-8, mar. olive, tr. dor. (*Rel.
angl.*)

41. De Cœna Domini confessionum Joach. West-
phali ministri ecclesiæ Hamburgensis. *Vrsellis,
excudebat Nic. Henricus,* 1558, pet. in-8, mar.
br. tr. dor. (*Rel. angl.*)

42. Apologia confessionis de Cœna Domini contra
corruptelas et calumnias Joannis Calvini, scripta
a Joachimo Westphalo ecclesiaste Hamburgensi.
Vrsellis, excud. Nic. Henricus, 1558, pet. in-8,
mar. br. tr. dor. (*Rel. angl.*)

Exemplaire d'Hanrott.

43. Epistola mysteriorum plena de Salvifica cogni-
tione Christi et de duabus ipsius naturis. *Sine
loco et anno.* Pet. in-8, mar. bl. fil. tr. dor. (*Derome.*)

Exemplaire de Girardot de Préfond et de Mac Carthy.

44. La Confession généralle de frere Olivier Mail-
lard. (A la fin :) *Imprime nouvellement a Paris
par Alain Lotrian demourant en la rue Neufve
Nostre Dame a lenseigne de lescu de France,* pet.
in-8, goth. 12 ff. mar. noir, tr. dor. (*E. Niedrée.*)

Examen de conscience où l'on énumère successivement les fautes qui se
rapportent aux cinq sens, aux sept péchés capitaux, aux œuvres de miséri-
corde, aux sacrements, etc.

45. Introduction de philosophie divine de Vivès
pour parvenir à la vraye cognoissance de sa·
pience chrestienne, traduite en françois par
M. Guillaume Paradin, et de nouveau reveue et
corrigée en plusieurs endroictz outre la dernière
impression. *En Anvers, de l'impr. de Guill. Sil-*
vius, 1570, pet. in-8, cart. n. rog.

Ouvrage imprimé en caractères dits de civilité.

46. Traitez du libre arbitre et de la concupiscence.
Ouvrages posthumes de J.-B. Bossuet. *Paris,*
Barth. Alix, 1731, in-12, mar. r. dos orné, tr.
dor. (*Rel. anc.*)

Première édition.
De la bibliothèque de M. de La Car... (Catal. Potier, 1859.)

47. Petri de Marca archiepiscopi Parisiensis Dissertationes tres. Stephanus Baluzius emendavit et
notis illustravit. *Parisiis, Fr. Muguet,* 1649,
in-8, mar. r. fil. tr. dor.

Aux chiffres et aux armes de Jacques-Nicolas Colbert, abbé du Bec, ensuite archevêque de Rouen, deuxième fils du grand Colbert.

48. De l'Abus des nuditez de gorge, seconde édition
(par l'abbé Jacques Boileau). *Suivant la copie impr.*
à Bruxelles; Paris, J. de Laize de Bresche, 1677,
in-12, mar. r. fil. tr. dor. (*Rel. anc.*)

Cette seconde édition est augmentée de l'Ordonnance des vicaires généraux
de Toulouse contre la nudité des bras, de la gorge, etc.

49. Discours ecclésiastiques contre le paganisme des
Roys de la Fève et du Roy-Boit, pratiqué par les
chrétiens charnels en la veille et au jour de l'épi-
phanie de N.-S. Jesus-Christ, par M. Jean Des-
lyons, prestre doyen de l'église cathédrale de Sen-
lis. *A Paris, chez Guill. Desprez,* 1664, pet. in-12,
mar. rouge, fil. tr. dor. (*Anc. rel.*)

50. LETTRES ÉCRITES A UN PROVINCIAL par un de ses
amis (Bl. Pascal) sur le sujet de la morale des
Pères Jésuites. (*Paris,* 1657), 2 vol. in-4, mar.
br. tr. dor. (*Trautz-Bauzonnet.*)

Éditions originales des *Lettres Provinciales,* publiées séparément. Le titre collectif, imprimé plus tard sous la rubrique de Cologne, 1657, n'a pas été joint à l'exemplaire qui est relié en 2 volumes sous le titre : PORT-ROYAL ET LES JÉSUITES.

En plus des *Provinciales*, il contient 48 pièces soit pour, soit contre Port-Royal et les Jésuites, dont : *Lettre au P. Annat sur son écrit : la Bonne Foy des Jansénistes. — Censures pour l'apologie des casuistes*, par les archevêques de Rouen, de Bourges, de Bordeaux, etc. — *Advis des curez de Paris. — Factum pour les mêmes. — Factum pour les curés de Rouen. — Bref du pape Innocent X contre les Jansénistes.—Du pape Alexandre VII.— Sentence du prévôt de Paris condamnant la lettre du cardinal de Retz. — Apologie pour les Jésuites. — Lettre d'un docteur à un abbé au sujet des Provinciales*, etc., etc.

51. Traitez de piété, ou Discours sur divers sujets de la morale chrétienne, par feu M. C. de Sainte-Marthe, prêtre. *Paris, Ch. Osmont,* 1702, 2 vol. in-12, réglés, mar. ol. doublé de mar. citr. dent. en argent, tr. dor. (*Rel. anc.*)

Exemplaire de Bonnemet (n° 166) et de la Vallière (n° 799).

Cl. de Sainte-Marthe, un des solitaires de Port-Royal et confesseur des religieuses, est mort en 1690.

« Pendant que les religieuses étaient gardées prisonnières en leur maison des champs, M. de Sainte-Marthe avait la charité de partir le soir de Paris..., et de se trouver dans un endroit assez éloigné des gardes. Il montait sur un arbre près du mur, au pied duquel étaient les religieuses, à qui il faisait un petit discours pour les consoler et les fortifier. C'était pendant l'hiver. » (*Port-Royal*, par Sainte-Beuve.)

52. Pensées théologiques relatives aux erreurs du temps (par Dom Nic. Jamin, bénédictin). *Paris, Humblot,* 1769, in-12, mar. r. fil. tr. dor. (*Rel. anc.*)

« Ce livre fut supprimé par arrêt du conseil eu date du 4 février 1769. L'auteur fit quelques changements à son livre, et on en donna plusieurs éditions. » (Barbier, III, col. 830.)

2. *Théologie catéchétique, parénétique et mystique.*

53. Dialogues rustiques d'un prestre de village, d'un berger, le censier et sa femme, très utile pour ceux qui demeurent ès pays où ils n'ont le moyen d'être instruicts par la prédication de la parole de Dieu, par J. D. M. *Genève, par Jean Debaptista,* 1649, 2 part. en 1 vol. pet. in-8, v. gran.

54. Sermons du Père Bourdaloue, de la Compagnie de Jésus (publiés par le P. Fr. Bretonneau). *A Paris, chez Rigaud,* 1707-34, 16 vol. in-8, portrait de l'auteur gravé par Simonneau, mar. rouge dent. sur les plats, tr. dor. (*Anc. rel.*)

Bel exemplaire de la meilleure édition de ces sermons.

55. Considérations sur les dimanches et les festes des mystères et sur les festes de la Vierge et des Saints (par Duvergier de Hauranne, abbé de Saint-Cyran). *Paris, chez la veuve Ch. Savreux,* 1670, 2 vol. in-8, réglés, mar. rouge, dent. tr. dor. (*Rel. anc.*)

Cet exemplaire parait être de provenance royale ; sur les plats se trouve une large dentelle fleurdelisée, et sur le dos des L couronnés.

56. Corona mistica beate Marie Virginis gloriose. (In fine :) *Noviter impressa Antwerpie p. me Gerardum Leew,* 1492, in-8, fig. sur bois, v. fauve. (*Rel. anc.*)

Livre rare contenant 27 gravures sur bois, chacune surmontée d'une couronne.
(Voir les *Ann. de la typogr. néerland.*, par Campbel. *La Haye*, 1874.)
Exemplaire Libri (1862).

57. Ortulus Rosarum de Valle lachrymarum. *Claude Jaumar,* pet. in-8, fig. sur bois, mar. br. fil. tr. dor. (*Clarke et Bedfort.*)

Ce petit livre mystique, dit Mercier de Saint-Léger, est plein d'excellentes maximes pour la conduite de l'âme. Cl. Jaumar, dont le nom, sans autre indication, se trouve sur le livre, était libraire à Paris en 1494.

58. Rosarium mysticum fidelis. *S. l. Ex officina Euchariana,* M.D.XXXI, pet. in-8, fig. sur bois, mar. vert, compart. tr. dor. (*Lortic.*)

Recueil de 56 jolies gravures sur bois, par Jan Valter van Assen. La seconde figure porte la date de 1530. M. Brunet n'indique qu'une édition postérieure à celle-ci : *Anvers, M. Cesar,* 1533.

59. Instruction sur les estats d'oraison, où sont exposées les erreurs des faux mystiques de nos jours, par Messire Jacq.-Bénigne Bossuet. *Paris,*

J. Anisson, 1697, in-8, mar. rouge, dos et coins
ornés, fil. tr. dor. (*Rel. anc.*)

Édition originale. Bel exemplaire qui paraît avoir appartenu à Mme DE
MAINTENON; avec la croix de la maison de Saint-Cyr sur les plats.

3. *Théologie polémique.*

60. Œuvres philosophiques. Démonstration de
l'existence de Dieu, par François de Salignac de
la Motte Fénelon. *Paris, Florentin Delaulne,*
1718, in-12, mar. r. dos orné, fil. tr. dor. (*Rel.
anc.*)

Exemplaire chargé sur les marges de notes du fameux curé MESLIER, et
portant à la fin : *Ex libris Johannis Meslier.*
On connaît au moins six exemplaires annotés ainsi. Ch. Nodier (*Mél.
d'une petite biblioth.*, p. 178-182) n'en comptait que quatre. Depuis on en
a vu un autre à la vente Giraud; les cinq sont en veau fauve. Celui-ci est
le sixième et le seul relié en maroquin. Les notes sont d'une jolie écriture
du dix-huitième siècle, très-nette et très-propre. Quel est dans les six l'exemplaire de Meslier? Ch. Nodier penchait naturellement à croire que c'était le
sien, mais sans oser toutefois l'affirmer.

61. Pensées, fragments et lettres de Blaise Pascal,
publiés pour la première fois, conformément aux
manuscrits originaux, par M. Prosper Faugère.
Paris, Andrieux, 1844, 2 vol. in-8, portrait, mar.
bleu, dent. int. tr. dor. (*Duru.*)

62. Ph. Limborch de veritate religionis christianæ
amica collatio cum erudito Judæo. *Goudæ, apud
J. ab Hoeve,* 1687, in-4, mar. r. dos orné, tr.
dor.

Exemplaire aux armes du comte d'Hoym, provenant de la bibliothèque de
C. du Fay.

63. Traité de la vérité de la religion chrétienne (par
Abbadie). *A Rotterdam, chez Reinier Leers,* 1689,
2 vol. — Traité de la divinité de Notre-Seigneur
Jésus-Christ (par le même). *A Rotterdam, chez
Reinier Leers,* 1690, 1 vol.; ens. 3 vol. in-12,
mar. citr. jans. tr. dor. (*Anc. rel.*)

64. Opera utilissima vulgare contra le p̄nitiosissime
heresie Lutherane p. li simplici (di Giov. da Fano).

M.D.XXXII. (A la fin :) *Giov. Batt. Phaello bo-
lognese in Bologna impresse*, l'anno M.D.XXXII,
in-8, goth. v. ant. compart. tr. dor. (*Bedford.*)

Volume rare.

65. Les Salmonées du sieur de Reboul. Le premier
contre les ministres de Nismes. Le second contre
les ministres du Languedoc. *Lyon, par Jacques
Roussin*, 1597, in-12, mar. r. fil. dos orné, tr. dor.
(*Lortic.*)

Guillaume Reboul, né à Nimes vers 1560, dans la religion protestante,
abjura en 1596. Après avoir publié plusieurs libelles contre ses anciens co-
religionnaires, il écrivit, étant à Rome, une satire violente contre le pape,
qui le fit condamner à mort. Cette satire n'a pas été imprimée.

66. La Cabale des Reformez, tirée nouvellement du
puits de Démocrite, par J. D. C. (Guill. Reboul).
Reveue en ceste edition au dernier consistoire tenu
à Genève... *Mompellier (sic), chez le Libertin,
imprimeur juré de la Saincte Reformation*, 1600.
— Apologie de Reboul sur la Cabale des Reformez. *S. l.*, 1600, pet. in-8, mar. r. ornements, tr.
dor. (*Lortic.*)

67. Conférence avec M. Claude, ministre de Charenton, sur la matière de l'Eglise, par M. Jacques-
Bénigne Bossuet. *Paris, Sébast. Mabre-Cramoisy*,
1682, in-12, mar. r. dos orné, fil. tr. dor. (*Rel.
anc.*)

Édition originale.

68. Conciliabulum Theologistarum adversus Germa-
niæ et bonarum literarum studiosos, Coloniæ ce-
lebratum XVI Kalen. Maii postquam T. Hohen-
stratus dejectus est ab officio privatus, et ab officio inquisitoris... *S. l. n. d.*, pet. in-12, 21 ff. mar.
v. dos orné, fil. tr. dor. (*Rel. anc.*)

69. Discours du Sainct Sacrement de mariage...
contre les hérésies et mesdisances des Calvinistes,
Bezeans, Ochinistes et Melanchtoniens. Au Roy.
Par Emond Auger, de la Comp. de Jesus. *Paris,*

Gabr. Buon, 1573, petit in-8, réglé, mar. r. rel.
à mosaïque de mar. v. et citron sur le dos et sur
les plats doublé de tabis, tr. dor. (*Bradel.*)

A la suite du *Discours* on a ajouté : *Arrest mémorable du parlement de
Tolose, contenant une histoire prodigieuse d'un supposé mari arrivee de
nostre temps, enrichie de cent et onze doctes annotations par Jean de Coras,
conseiller en la court. Paris, Jean Borel,* 1579. — *Paraphrase sur l'édict des
mariages clandestinement contractez... par J. de Coras. Paris, J. Borel,*
1579.

4. *Théologiens protestants.*

70. Jo. Wiclefi Dialogorum libri quatuor... (*In
fine:*) *Excusum anno a Christo nato* M.D.XXV.
die vii martis, 1525, in-4, v. (*Rel. anc.*)

Ouvrage devenu rare, ayant été soigneusement supprimé.

71. Hugonis Latimeri Anglicani Pontificis Oratio,
apud totum ecclesiasticorum conventum, ante-
quam consultatio publica iniretur, de Regni statu
per Evangeliorum reformando, regni invictiss.
regis Henrici VIII, Anno XXVIII, habita. *Basileæ, Rob. Winter,* 1537, in-8, 55 p. et 1 f. n. chiff.
mar. bleu, milieu orné, tr. dor. (*Lortic.*)

H. Latimer, évêque de Worcester, fut un des pères de la Réforme en
Angleterre. Il subit le supplice du feu sous le règne de la reine Marie,
en 1555.

72. Illustr. ac potentiss. regis, senatus, populique
Angliæ, sententia, et de eo concilio, quod Pau-
lus episcopus Rom. Mantuæ futurum simulavit :
et de ea bulla, quæ ad calendas novembris id
prorogavit : *Londini, in ædibus Th. Bertheleti,*
M.D.XXXVII, in-8, 19 ff., mar. bl. milieu orné,
tr. dor. (*Lortic.*)

73. Seren. et inclyti regis Angliæ Henrici Octavi, etc.
Epistola de synodo Vincentina, 1539. *Vilebergæ,
P. Seitz,* M.D.XXXIX, in-8, 8 ff. titre dans un
encadr. gravé sur bois, mar. bl. milieu orné, tr.
dor. (*Lortic.*)

74. Libro de la emendatione et correctione del stato
christiano, dedicato alli illustr. electori della imp.
maj. et alli nob. principi Germani exhortatione
del corrigerere il stato christiano et quello in me-
glio reformare. *S. l.,* 1533, in-8, v. j.

Exemplaire de Pàris d'Illens.

75. Quæstiones aliquot Casparis Schwenckfeldn de
Ecclesia christiana. *S. l.* 1561, pet. in-8, 28 ff.
mar. rouge, fil. dent. int. tr. dor. (*Derome.*)

Exemplaire de GIRARDOT DE PRÉFOND et de Mac Carthy.

75 *bis.* Exposition des articles de la Foy, et Religion
chrestienne qu'on appelle communément le Sym-
bole des Apôtres. *S. l. (Genève),* 1543, pet. in-8,
mar. br. tr. dor. (*Chambolle.*)

Pièce rare, non citée.

76. Exposition sur les deux épistres de sainct Paul
aux Thessaloniciens. *Genève, par J. Girard (à
l'Epée),* 1545, pet. in-8, maroq. br. tr. dor.
(*Chambolle.*)

Pièce non citée.

77. DECLARATION pour maintenir la vraye foi que
tiennent tous chrestiens de la Trinité des personnes en un seul Dieu. Par Jean Calvin. Contre
les erreurs detestables de Michel Servet. Où il
est aussi monstré qu'il est licite de punir les hérétiques ; et qu'à bon droit ce meschant a esté exe-
cuté par justice en la ville de Genève. *Chez Jean
Crespin, à Genève,* M.D.LIIII, in-8, mar. r. dos
orné, fil. tr. dor. (*Padeloup.*)

Livre très-rare, recherché surtout à cause de la justification qu'y fait
Calvin de l'exécution de Servet, dont il fut le principal auteur.
Très-bel exemplaire de GIRARDOT DE PRÉFOND, et en dernier lieu d'Aimé-
Martin (1847) et de B. Delessert (Londres, 1848).

78. Brief Traité de purgatoire. *S. l. (Genève, J. Gerard à l'épée),* 1551, in-16, 31 pages, mar. r. fil.
tr. dor. (*Rel. anc.*)

Petit volume très-rare, non mentionné par M. Brunet.

79. RESPONSE au livre publié par le sieur evesque d'Evreux (Jacques Davy Du Perron) sur la conférence tenue à Fontaine-Bleau le 4° de may, 1600. Par Philippes de Mornay, sieur du Plessis Marly. En laquelle sont incidemment traictées les principales matieres controverses en ce temps. *A Saumur, par Thomas Portau, 1602, in-4, réglé, v. br.* à riches compartiments, tr. dor. ciselée. (*Rel. du temps.*)

Précieux exemplaire de Philippe DU PLESSIS-MORNAY. Il a écrit sur un des feuillets de garde les vers suivants : Pour mon filz de Villarnoul :

> Le prudent qui prétend quelque grand chose faire
> Quelques grands avec soy tasche d'intéresser.
> Voue ton labeur à Dieu, sy tu veux qu'il prospère,
> Qui peut sy seurement tes affaires dresser.

Pour ma fille de Villarnoul :

> Sur vos cuisans labeurs pleuvent les eaux divines,
> Enyvrent vos sillons, destrempent vos ennuys,
> Le champ de tes enfans ne fut ong sans espines,
> Leur grange aussy, Seigneur, n'est jamais sans espiz.

Ces vers sont signés du monogramme de du Plessis-Mornay, un φ entre deux C, initiales de son prénom PHILIPPE et de celui de sa femme, CHARLOTTE d'Arbaleste.

Riche reliure entièrement couverte, sur le dos et sur les plats, de petites flammes et de ce signe ℥.

80. Disputatio de supposito, in qua plurima hactenus inaudita de Nestorio tanquam orthodoxo, et de Cyrillo Alexandrino, aliisque episcopis Ephesi in Synodum coactis, tanquam hæreticis demonstrantur. *Francofurti (Orange), anno 1645, in-8,* mar. citr. dos orné, fil. tr. dor. (*Boyet.*)

Cet ouvrage, autrefois fort recherché, est généralement attribué à David de Rodon, théologien protestant, né à Die.

Ch. Nodier dit qu'il est plutôt de Jean Bruguier, de Nîmes. La principale raison sur laquelle il s'appuie, est que le dos de la reliure de son exemplaire, qui est celui-ci, porte un titre ainsi conçu : *Bruguierus de Nestorio* (*Mélanges d'une petite biblioth.*, p. 169-172).

M. Martial Millet, dans sa *Notice sur les imprimeurs d'Orange, Valence,* 1877, nous apprend que l'ouvrage a été imprimé à Orange, où alors de Rodon était professeur de philosophie.

Ce livre a été condamné au feu par le parlement de Toulouse. De Rodon y défend l'opinion de Nestorius, contre saint Cyrille et le concile d'Ephèse, sur la doctrine des deux natures de Jésus-Christ.

Cet exemplaire a appartenu à du Fay, au comte d'Hoym, qui y a fait apposer ses armes, à Girardot de Préfond et à Ch. Nodier (vente 1831).

81. L'Esprit de Mr Arnauld, tiré de sa conduite, et
des ecrits de luy et de ses disciples, particuliere-
ment de l'Apologie pour les catholiques (par P. Ju-
rieu). *Deventer, chez les heritiers de Jean Colom-
bius,* 1684, 2 vol. in-12, v. fauve, fil. (*Aux armes
du président de Menars.*)

82. Bibliotheca antitrinitariorum... opus posthumum Chr. Sandii. *Freistadii, apud Joh. Aconium,*
1684. — Historia Reformationis Polonicæ... Authore Stan. Lubieniecio. *Freistadii,* 1685, in-8, v.
f. fil. dos orné, tr. dor. (*Bedford.*)

83. Christianismi restitutio (per Mich. Serveto). *S.
l.* (*Nuremberg, Rau,* 1791), in-8, mar. r. tr. dor.
(*Thompson.*)

Réimpression faite page pour page sur l'édition originale.

84. De Trinitatis erroribus libri Septem. Per Michae-
lem Serveto, alias Reves ab Aragonia Hispanum.
(*S. l.*) *Anno M.D.XXXI,* in-8, cuir de Russie, compart. de fil. à froid, tr. dor. (*Harday.*)

Édition originale.

85. Epistola docti et pii cujusdam viri, qua macu-
lam Serveticæ hæresis aspersam sibi a Calvino ab-
stergit. *S. l.* anno 1553, pet. in-8, 8 ff. mar. br.
tr. dor.

5. *Écrits contre le Pape.*

86. Antilogia Papæ : Hoc est, de corrupto ecclesiæ
statu, et Totius cleri Papistici perversitate, scripta
aliquot veterum authorum... (Collectore Flacio
Illyrico, vulgo M. Francowitz). *Basileæ, J. Oporinus* (1555), in-8, v. gran.

L'une des satires les plus virulentes contre l'Église romaine, de Flacius
Illyricus.

87. Cur et quomodo christianum Concilium debeat
esse liberum. Item de conjuratione Papistarum.
1537. *Impressum Vitebergæ per Josephum Klug,*

1537, pet. in-8, 16 ff. mar. bl. milieu orné, tr.
dor. (*Lortic.*)

88. De gli Autori et compositori dell' errore della
Messa, e del vero et falso sacerdotio, e sacrificio
(da G. P. Cermenati). *S. l.*, 1551, in-8, mar. r.
fil. tr. dor. (*Rel. anc.*)

A la fin est un hymne satirique et obscène en latin contre le pape Jules II.
Exemplaire de La Vallière.

89. La Physique papale faite par manière de devis
et par dialogues. I. La médecine. II. Les bains.
III. L'eau bénite. IV. Le feu sacré. V. L'alchimie.
Par Pierre Viret. (*Genève*) *De l'imprimerie de Jean
Gerard*, 1552, pet. in-8, mar. r. (*Rel. anc.*)

Livre rare. Exemplaire de M. du Roure. (*Analecta biblion*, II, p. 402 et
suiv.) Un feuillet remmargé.

90. Varia doctorum piorumque virorum, de corrupto ecclesiæ statu, Poemata... cum præfatione
Math. Flacci Illirici. *Basileæ, per Lud. Lucium*
(anno 1557), in-8, mar. bleu, fil. dos orné, tr.
dor. (*Rel. anc.*)

C'est un recueil de pièces les plus vives contre le pape et la cour de
Rome.
Exemplaire du comte de Brancas-Lauraguais.

91. Pasquillorum tomi duo (collect. Cœlio Secundo
Curione). *Eleutheropoli* (*Basileæ*), 1544, 2 tom.
en 1 vol. pet. in-8, mar. vert, dos orné, dentelles,
doublé de tabis, tr. dor. (*Derome.*)

Recueil rare. Le premier tome est en vers et le second en prose.
Bel exemplaire de MÉON et de CHARLES NODIER.

92. Pasquino in Estasi, nuovo e molto più pieno,
ch'el primo, insieme co'l viaggio de l'inferno
(auctore Cœlio Secundo Curione). (A la fin :)
Stampato à Roma, nella botega di Pasquino, in-8
mar. rouge, jans. dent. int. tr. dor. (*Trautz-Bauzonnet.*)

93. Pasquilli de Concilio Mantuano Judicio, Querimo-
niis Papistarum ad Legatum Pontificium in comi-

ciis Schmalcaldianis MDXXXVII. (A la fin :) *Impressum Romæ in porta Angelorum*. M.D.XXXVII,
pet. in-8, 12 ff. mar. bl. milieu orné, tr. dor.
(*Lortic.*)

94. Colloque entre notre maître Friquandouille,
frère Thibaud et messire Nicaise. *A Berlin, s. d.*
pet. in-8, mar. vert, dent. tr. dor. doublé de
moire. (*Biziaux.*)

Manuscrit sur vélin, écrit en caractères romains, par Fyot. C'est la copie
d'une des satires (la septième) des *Satyres chrestiennes de la cuisine papale*.
(*Genève*), *Conrad Badius*, 1560.

95. La Sentence et condamnation du procès du
pape de Rome, ses cardinaux, evesques, abbez,
moynes, et maistres de la Sorbonne. Contre Jesus
Christ, filz de Dieu, ses apôtres, son église… *Nouvellement imprimé*, 1563, in-8, mar. bl. tr. dor.
(*Rel. anc.*)

Exemplaire de Girardot de Préfond, de Gaignat, de La Vallière, de Méon
et de Duriez de Lille. Quelques légers raccommodages aux pages 93, 94, 95
et 96, avec quelques mots du texte refaits.

96. Expositio vera harum imaginum olim Nuren-
bergæ repertarum ex fundatissimo veræ Magiæ
Vaticinio deducta. Per D. doctorem Theophras-
tum Paracelsum. *S. l., anno M.D.LXX*, pet. in-8,
48 ff., mar. r. dos orné, fil. tr. dor.

Exemplaire aux armes du comte D'HOYM, provenant de la vente Mac
Carthy.
Petit livre singulier où l'on remarque 30 gravures sur bois figurant sous
des emblèmes magiques le pape et ses ministres. Une 31ᵉ figure représente
un monstre ailé sous les pieds duquel on lit : *Excusum anno post Christum
natum*, M.D.LXX.

97. HISTOIRE DE LA MAPPEMONDE PAPISTIQUE, en laquelle est déclairé tout ce qui est contenu et
pourtraict en la grande table, ou carte de la mappemonde, composée par M. Frangidelphe Es-
corche-Messes. *Imprimé en la ville de Luce nouvelle (Genève), par Brifaud Chausse-diables*, 1567,
in-4, mar. r. fil. tr. dor. (*Derome.*)

Livre rare, attribué à Théod. de Bèze ; il est aussi donné à P. Viret.
Bel exemplaire

98. Antithesis Christi et Antichristi, videlicet Papæ,
id est exemplorum, factorum, vitæ et doctrinæ
utriusque ex adverso collata comparatio, versibus
etfigurisillustrata (studio Sim. Rosario). (*Genevæ*),
E. Vignon, 1578, pet. in-8, 36 fig. sur bois, mar.
dos orné, fil. tr. dor. (*Padeloup.*)

Excellente reliure de Boyet. De la bibliothèque de Michel Delacour, avec
son *ex-libris*. Voir le n° 590.

6. *Opinions singulières. — Ouvrages de B. Ochin.*

99. Sermones D. Bernardini Ochini Senensis. *S. l.*
(*Genevæ, J. Girard*), 1543, pet. in-8, mar. r. dos
orné, fil. tr. dor. (*Bedford.*)

100. Prediche di Bernardino Ochino da Siena. (Sur
le titre du tome V :) *In Basilea,* M.D.LXII, 5 vol.
pet. in-8, mar. cit. (*Rel. anc.*)

Exemplaire de Renouard. Le tome V est très-rare.

101. Riposta di messer Bernardino Ochino alle false
calumnie, et impie biastemmie di frate Ambrosio
Catharino. *Impresso nel* 1546, pet. in-8 de
40 feuillets, mar. la Vall. jans. dent. int. tr. dor.
(*Trautz-Bauzonnet.*)

102. Dialogue de M. Bernardin Ochin Senois, touchant le Purgatoire. *S. l.* (*Genève*). *Par Antoine
Cercia,* 1559, in-8, réglé, mar. r. dos orné, large
dent. doublé de tabis bleu, tr. dor. (*Padeloup.*)

Volume rare. Charmant exemplaire de Gaignat, de Girardot de Préfond, de Mac Carthy, de Pixérécourt et de Solar.

103. Labyrinthi, hoc est, de libero aut servo arbi-
trio, de divina prænotione, destinatione, et liber-
tate disputatio, et quonam pacto sit ex iis Laby-
rinthis exeundum. Authore B. Ochino. *Basileæ,
apud P. Pernam, s. a.,* in-8, v. j.

Exemplaire de Renouard.

104. Il Catechismo, o vero institutione christiana
di M. Bernardino Ochino da Siena, in forma di

Dialogo. *In Basilea*, 1561, in-8, mar. r. dos orné,
fil. tr. dor. (*Rel. anc.*)

Exemplaire de Gaignat (n° 574).

105. Bernardini Ochini Liber de corporis Christi
præsentia in Cœnæ Sacramento, etc., ex italico in
latinum Sermonem translat. *Basileæ, s. a.*, in-8,
v. j.

Exemplaire de Renouard.

106. Apologues, esquels se decouvrent les abus, folies, superstitions, erreurs, idolatries et impietez
de la synagogue du Pape et specialement des
moines d'icelui. Traduits d'italien (d'Ochin). *S. l.*
(*Genève*). *Par J. Gerard,* 1554, très-pet. in-8,
mar. r. tr. dor. dos et plats ornés. (*Trautz-
Bauzonnet.*)

Cette traduction de l'un des plus rares ouvrages d'Ochin est encore plus
rare que l'original, puisqu'elle a échappé à M. Brunet et aux autres bibliographes.
Le volume se compose de 117 pages (la dernière cotée 108), sign. A.-H v.
C'est un recueil de contes contre le pape et les moines. Un dizain peu
orthodoxe, mais très-plaisant et qui est sans doute du traducteur, termine
le volume.

107. Bernardini Ochini Senen. Responsio ad Mu-
tium Justinopolitanum, qua rationem reddit sui
discessus ab Italia. *S. l.*, 1543, pet. in-8, 8 ff.
mar. r. dos orné, fil. tr. dor. (*Bedford.*)

108. Epistola magistri Hieronimi Lucensis ad Ber-
nardinum Ochinum Senensem : cum respon-
sione ejusdem Bernardini. *Genevæ, per Joh. Gi-
rardum,* 1543, pet. in-8, mar. r. dos orné, fil.
tr. dor. (*Bedford.*)

Le même volume contient : *Responsio B. Ochini ad Marcum Briziensem,
abbatem ordinis S. Benedictini. S. l. (Genève, J. Girard*), 1543.

109. Liber de causis, seu de principiis et originibus
naturæ utriusque, auctore G. Postello. *Parisiis,
Seb. Nivellus,* 1552, in-16, mar. r. fil. tr. dor.
(*Rel. anc.*)

Exemplaire de Gaignat.

110. Pensées de Morin, dédiées au Roy (avec ses cantiques). *S. l.*, 1647. — Factum contre Simon Morin, dans lequel se trouve l'analyse des ouvrages de ce fanatique. — Déclaration de Morin depuis peu délivré de la Bastille. *Paris, Cl. Merlot*, 1649. — Déclaration de Morin, de sa femme et de mademoiselle Malherbe, touchant ce qu'on les accuse de vouloir faire une secte nouvelle. *S. l.*, 1649. — Arrest de la cour de parlement, rendu à l'encontre de Simon Morin... portant condamnation d'être brûlé vif pour avoir pris la qualité... de fils de Dieu. *Paris, L. Barbotte*, 1663. — Procès-verbal d'exécution à mort de Simon Morin, brûlé vif en place de Grève. — Ensemble 2 vol. pet. in-8, mar. bl. fil. tr. dor. (*Anguerran.*)

Exemplaire de Gaignat et de B. Delessert (1848).

111. Evangelium medici, seu Medicina mystica ; de suspensis naturæ legibus sive de miraculis in bibliis memoratis, quæ medicinæ indagini subjici possunt. A Bern. Connor. *Londini*, 1697, pet. in-8, mar. r. dos orné, fil. tr. dor. (*Rel. anc.*)

7. Déistes et incrédules.

112. B. D. S. (Benedicti de Spinosa.) Opera posthuma. *S. l.*, 1677, in-4, mar. rouge, filets, tr. dor.

Très-bel exemplaire aux armes et aux chiffres du COMTE D'HOYM.

113. Réflexions curieuses d'un esprit désintéressé sur les matières les plus importantes au salut (traduction du Tractatus theologico-politicus de Ben. Spinosa, par de Saint-Glain). *Cologne, Cl. Emanuel*, 1678, pet. in-12, mar. rouge, dent. tr. dor. (*Anc. rel.*) — Réfutation des erreurs de Benoît de Spinosa, par M. de Fénelon, par le P. Lami, et par M. de Boulainvilliers, avec la Vie de Spinosa par Jean Colerus, augmentée de beaucoup de par-

ticularités tirées d'une Vie manuscrite de ce philosophe, par un de ses amis. *Bruxelles, Fr. Fop-*
pens, 1731, pet. in-12, mar. rouge, dent. tr. dor.
(*Rel. anc.*)

Le premier volume est avec les deux autres titres : *la Clef du Sanctuaire*
et le *Traité des cérémonies superstitieuses des Juifs.*

114. J. Tolandi Dissertationes duæ Adeisidæmon
et origines Judaicæ. *Hagæ Comitis, apud Thomam*
Johnson, 1709, in-8, gr. pap. mar. vert, large
dent. sur les plats, doublé de tabis rose, tr. dor.
(*Bisiaux.*)

Exemplaire de Goutard. Il s'y trouve un second titre portant la date de 1708

115. Discours sur la liberté de penser, par M.-A.
Collins, traduit de l'anglois (par H. Scheurleer et
J. Rousset) et augmenté d'une lettre d'un médecin arabe, avec l'examen de ces deux ouvrages
par M. de Crouzas. *Londres*, 1766, 2 vol. in-12,
mar. rouge, fil. tr. dor. (*Anc. rel.*)

116. Le Monde, son origine et son antiquité (par J.-
Fr. Bernard ; 2ᵉ partie, de l'Ame et de son im-
mortalité, par J.-B. de Mirabaud ; 3ᵉ partie, Essai
sur la chronologie, par Le Mascrier; le tout publié par J.-B. Le Mascrier et Du Marsais). *Londres*
(*Paris*), 1751, 3 part. en 1 vol. pet. in-8, mar.
vert clair, fil. tr. dor. (*Derome.*)

Très-joli exemplaire.

117. L'Antiquité dévoilée par ses usages, ou Examen
critique des principales cérémonies et institutions
religieuses des peuples de la terre, par Boulanger.
Amsterdam, M.-M. Rey, 1678, 3 vol. in-12, mar.
r. fil. tr. dor. (*Rel. anc.*)

118. Recherches sur les miracles, par l'auteur de
l'Examen des apologistes de la religion chrétienne.
Londres, 1773, in-8, mar. rouge, fil. tr. dor. (*Rel.*
anc.)

JURISPRUDENCE.

—

120. De l'Esprit des lois, ou du rapport que les lois
doivent avoir avec la constitution de chaque gouvernement, les mœurs, le climat, la religion, le
commerce, etc. *Genève, s. d., chez Barillot et fils*,
3 vol. — L'Esprit des lois quintessencié par une
suite de lettres analytiques (par l'abbé de Bonnaire). *S. l.*, 1751, 2 vol. — Observations sur l'Esprit des lois, ou l'art de lire ce livre, de l'entendre
et d'en juger, par M. l'abbé D. L. P. (de La Porte).
Amsterdam, chez P. Mortier, 1751, 1 vol. — Défense de l'Esprit des lois (par Montesquieu). *Genève*, 1751, 1 vol. — Apologie de l'Esprit des
lois, ou réponses aux observations de M. de L. P...,
par M. (Boulanger) de R*** (Rivery). *Amsterdam*,
1751, 1 vol. — Ens. 8 vol. in-12, mar. citr. fil.
tr. dor. (*Rel. anc.*)

L'Esprit des lois est de la première édition in-12, publiée immédiatement
après l'édition originale, in-4.

121. Observations sur un livre intitulé De l'Esprit
des loix, divisées en trois parties (par Cl. Dupin,
fermier-général). *S. l. n. d.* (*Paris, Guérin et Delatour*), 1757-1758, 3 vol. in-8, demi-rel. avec
coins, mar. rouge, dos orné, doré en tête, n. rog.
(*Niedrée.*)

Ouvrage très-rare, l'auteur, après en avoir distribué une trentaine d'exemplaires à ses amis, ayant donné l'ordre à l'imprimeur Delatour, de détruire
le reste de l'édition.

122. La Source, la Force et le véritable Esprit des
loix, essai du comte J. de Cataneo, pour servir
de réponse au livre de l'Esprit des loix et de
l'homme-machine. *La Haye, chez M.-F.-L. Varon*, 1753, pet. in-8, mar. vert, fil. tr. dor. (*Rel.
anc.*)

123. CORPUS JURIS CIVILIS. Editio nova. *Amstelædami, apud viduam Dan. Elzevirii,* 1681, 2 vol.
in-8 à 2 col., front. gr., régl. mar. r. dos orné, fil.
tr. dor. (*Du Seuil.*)

Bel exemplaire du prince Radziwill.

124. LE LIVRE COUSTUMIER DU PAYS DE NORMENDIE.
(A l'antépénultième feuillet :) *Finit tractatus magistri Johannis Andree super arboribus consanguineitatis... anno dñi millesimoquadringētesimo oc-
tuagesimo tercio* (1483), 2 part. en 1 vol. pet.
in-fol. goth. réglé, v. fauve, tr. dor. (*Rel. anc.*)

Livre précieux. Première édition de la *Coutume de Normandie.* « Elle est
sortie, dit M. Brunet, des presses de Jean Du Pré, imprimeur qui a exercé à
Paris, dès l'année 1481. »
Le volume se compose de 342 feuillets, dont 3 blancs. Notre exemplaire a
en plus 2 cartons pour la feuille S (Si et Sviij), qui sont au commencement
du volume, ce qui fait en tout 344 ff.
Il est donc plus que complet; mais il s'y trouve des transpositions. Les
feuilles F et S sont placées après l'Y, et la feuille MM de la seconde partie,
contenant : *Tractatus arboris consanguineitatis,* a été mise en tête du volume après le *Répertoire.*
L'exemplaire est d'ailleurs grand de marges et bien conservé.

125. Los Fors et costumas de Béarn. *Pau, per Joan
Desbaratz, imprimeur deu Rey,* 1682, in-4, v.
fauve, fil. tr. dor. (*Bedford.*)

126. Procès instruit extraordinairement contre messieurs de Caradeuc de la Chalotais, et de Caradeuc,
procureurs généraux, Charette de la Gacherie,
Picquet de Montreuil, Euzenou de Kersalaun, Du
Bourgblanc, Charette de la Colinière, conseillers
au Parlement de Bretague, etc. *S. l.,* 1768, 3 vol.
in-12, mar. rouge, fil. tr. dor. (*Rel. anc.*)

127. Mémoires (3) de M. de la Chalotais, procureur
général au parlement de Bretagne. *Rennes,* 1766,
in-8, mar. rouge, fil. tr. dor. (*Rel. anc.*)

128. Procédures curieuses de l'inquisition de Por-
tugal contre les francs-maçons, pour découvrir
leur secret, avec les interrogatoires et les réponses, les cruautés exercées par ce tribunal, la
description de l'intérieur du S. Office, son ori-

gine et ses excès, divisées en trois parties; par un
frère maçon sorti de l'inquisition (Jean Coustos
de Berne), revues et publiées par L. T. V. J. L.
R. D. M. *Dans la vallée de Josaphat, l'an de la
fondation du Temple de Salomon M.M.D.CCC.III*
(*Hollande,* 1745), in-12, mar. citr. (*Anc. rel.*)

128 *bis.* Co. Jo. Hieronymi Albani equitis... Libri de
potestate Papæ et Concilii, secunda editio. *Lugduni, apud Joan. Tornæsium et Gul. Gazeium,*
1558, in-4, titre encadré et belles lettres ornées,
rel. en vélin.

SCIENCES ET ARTS.

I. SCIENCES PHILOSOPHIQUES.

1. *Philosophie.*

129. HIEROCLIS IN AUREOS VERSUS PITHAGORÆ opusculum præstantissimum, et religioni christianæ
consentaneum (a J. Aurispa latine redditum). *Impressum anno M.CCCC.LXXIIII* (1474). *Patavii,
Bartholomæus de Val de Zoccho,* pet. in-4, mar.
r. dos orné, fil. tr. dor. (*Rel. anc.*)

Première édition. Bel exemplaire, avec le titre et quelques initiales en or,
provenant des bibliothèques de GIRARDOT DE PRÉFOND (avec l'écusson), de
MAC CARTHY, d'HIBBERT, d'HANROTT, du MARQUIS DU ROURE et de PO-
TIER (1870).

130. Timée de Locres en grec et en françois, avec
des dissertations sur les principales questions de
la métaphisique, de la phisique et de la morale
des anciens, par le marquis d'Argens. *Berlin,*

Haudé et Spener, 1763, pet. in-8, mar. r. fil. tr. dor. (*Derome.*)

Exemplaire du prince Radziwill.

131. Divini Platonis Opera a Marsilio Ficino translata. *Lugduni, apud Joan. Tornæsium,* 1550, 5 vol. in-16, mar. bleu, fil. tr. dor. (*Rel. anc. aux armes de Fouquet.*)

132. De Varia Aristotelis in academia Parisiensi Fortuna, extraneis hinc inde adornata præsidiis, liber. Auctore Joanne de Launoy. — Ejusdem de Victorino episcopo et martyre dissertatio. *Lutetiæ Parisiorum, typis Edmundi Martini,* 1653, in-8, 2 parties en 1 vol. in-8, mar. rouge, fil. tr. dor. (*Anc. rel.*)

133. Iamblichus de mysteriis Ægyptiorum, Chaldæorum, Assyriorum. Proclus in Platonicum Alcibiadem anima, atque Dæmone, etc. *Lugduni, apud J. Tornæsium,* 1578, in-16, réglé, vélin, tr. dor.

Jolie reliure du seizième siècle, toute parsemée de fleurs de lis, et portant sur chaque plat, au milieu et aux angles, un chiffre composé des lettres L, P, V, H, S.

134. Académiques de Cicéron avec le texte latin de l'edition de Cambrige, et des remarques nouvelles outre les conjectures de Davies et de Mons. Bentley et le commentaire philosophique de Pierre Valentia, par un des membres de la S. R. (D. Durand). *A Londres, chez Paul Vaillant,* 1740. — Academica, sive de Judicis erga verum ex ipsis primis fontibus; opera P. Valentiæ Zafrensis, in extrema Bætica. *Londini, Bowyer,* 1740, pet. in-8, mar. viol. dent. sur les plats, doublé de mar. rouge, avec dent. tr. dor. (*Kœhler.*)

Exemplaire de Ch. Nodier.

135. L. Annæi Senecæ philosophi et M. Annæi Senecæ rhetoris quæ extant Opera. *Ex officina Plantiniana Raphelengii (Lugd. Batavor.),* 1609,

in-24 à 2 col. mar. r. compart. tr. dor. avec fermoirs et cordelettes.

Bel exemplaire aux chiffres de J.-A. DE THOU et de sa femme Gasparde de la Châtre, avec des *taons* (ou abeilles) comme ornements.
De la bibliothèque de M. BRUNET.

136. De la Recherche de la Vérité, où l'on traite de la nature de l'esprit de l'homme, etc. Septième édition. Par N. Malebranche. *Paris, Chr. David,* 1721, 4 vol. in-12, mar. noir, tr. dor. (*Rel. anc.*)

Sur le premier feuillet de garde se trouve un *ex-dono* de Pierre de Fleury, évêque de Chartres.

137. Deffense de M. Arnauld, docteur de Sorbonne, contre la Réponse (de Malebranche) au Livre des vrayes et des fausses idées (d'Arnauld). *Cologne, Nic. Schouten,* 1684, in-12, mar. r. fil. tr. dor. (*Boyet.*)

Aux armes de Perrinet, seigneur de Jars du Pezeau.

138. De la Science qui est en Dieu, avec une lettre sur l'étude et l'usage de la rhétorique, par Cl. de Morinière. *Paris, Cl. Jombert,* 1718. — Suite du Traité de la Science qui est en Dieu, contenant une dissertation par M. de Crousaz. *Paris, Cl. Jombert,* 1723, in-12, mar. r. fil. tr. dor. (*Boyet.*)

Exemplaire de dédicace aux armes de M. Hier. d'Argouges, lieutenant civil de la ville de Paris.

139. OEuvres philosophiques de M. de La Mettrie. *Berlin,* 1764, 2 vol. pet. in-12, mar. r. fil. tr. dor. (*Derome.*)

Joli exemplaire de M. DE LA BÉDOYÈRE.

140. Principes de la philosophie morale, ou Essai de M. S*** (Milord Shaftesbury) sur le mérite de la vertu, avec réflexions (traduit de l'anglais par Diderot). *A Amsterdam, chez Zacharie Chatelain,* 1745, 1 vol. front. gr. et fig. — Pensées philosophiques (par Diderot). *La Haye,* 1746, 1 vol. front. gr. — Lettre sur les aveugles, à l'usage de ceux qui voyent (par Diderot). *Londres,* 1749, 1 vol. fig. — Pensées sur l'interprétation de la

nature (par Diderot). *Londres*, 1754. — Lettres
sur les sourds et muets, à l'usage de ceux qui en-
tendent et qui parlent (par le même). *S. l.*, 1751,
1 vol. — Ens. 4 vol. in-12, mar. rouge, fil. tr.
dor. (*Anc. rel.*)

2. *Morale*.

141. Le Liure intitulé Sydraach le Grāt philosophe, fontaine de toute science : contenant
mille nonante et quattre demandes et les solu-
tions dicelles. *On les vend a prix comptent chez
Raulin Gaultier demourant a Rouen en la rue de
grand pont.* (A la fin :) *Et fut acheve pour Raulin
Gaultier le dixiesme jour de septembre mil.v.cens
et saize.* Pet. in-4 goth. à 2 col. titre rouge et
noir, figures sur bois, 158 feuillets, mar. bleu,
dent. int. tr. dor. (*Duru.*)

Bel exemplaire.

142. Libro aureo de Marco Aurelio, emperador...
(por Ant. de Guevara). Nuevamente impresso. *En
la triumphante ville de Paris, por Galleot de
Prado, M.D.XXIX.* (A la fin, avant la table :) *Fue
impresso en la triunfante universidad de Paris,
par Pedro Vidoueo por Galleot de Prado. Ano
mill E quinientos E veynte E nuevo.* In-4, lettres
rondes, titre encadré, v. ant. fil. tr. dor. (*Bedford.*)

Édition de la plus grande rareté et à l'égard de laquelle M. Brunet s'ex-
prime ainsi : « L'édition de cet ouvrage imprimée à Paris... en 1529 que cite
Panzer... existe bien quoique nous en ayons longtemps douté. » Ses doutes
n'ont été levés que par la connaissance qu'il a eue de cet exemplaire même.

143. Dialogue de la ville et des champs. Epistre
de la sobre vie. Par J. du Chol, gentilhomme
lyonnois. *Imprimé à Lyon, l'an M.D.LXV*, pet.
in-8 de 40 ff. dont le dernier est blanc, mar. r.
tr. dor. (*Trautz-Bauzonnet.*)

Petit livre très-rare.

144. Beroalde de Verville. De la Sagesse, auquel il
est traité du moyen de parvenir au parfait estat

de bien vivre, remedier aux afflictions, embrasser
la constance, et trouver l'entier contentement selon l'institution divine (en prose). — La Muse
celeste (du même, en vers). *Tours, chez Jamet
Mettayer*, 1593, 2 ouvr. en 1 vol. pet. in-12, mar.
bleu, fil. tr. dor. (*Anc. rel.*)

Exemplaire de Méon. La *Muse céleste* est rare.

145. ESSAIS de Messire Michel seigneur de Montaigne, chevalier de l'ordre du Roy. Livre premier et second. *A Bourdeaux, par S. Millanges,
M.D.LXXX*, 2 part. en 1 vol. in-8, mar. rouge,
dos orné, riches orn. sur les plats, tr. dor. (*Trautz-
Bauzonnet.*)

Édition originale, rare et précieuse. Bel exemplaire.

146. De la Sagesse, livres trois. Par M. Pierre le
Charron, Parisien, chanoine théologal et chantre
en l'église de Condom. *Bourdeaux, par Simon
Millanges*, 1601, in-8, réglé, portr. ajouté, mar.
r. fil. tr. dor. (*Rel. anc.*)

Édition originale. Bel exemplaire.

147. De la Sagesse, trois livres, par Pierre Charron.
Leyde, chez les Elseviers, 1646, in-12, mar, r. dos
orné, fil. tr. dor. (*Rel. anc.*)

Joli exemplaire du marquis du Roure (1848). Haut. 132 mill.

148. De la Sagesse, trois livres, par P. Charron,
nouvelle édition conforme à celle de Bourdeaus,
1601. *De l'impr. de Didot l'aîné*, 1789, 2 vol.
in-12, pap. vélin, mar. rouge, tr. dor. (*Derome.*)

Joli exemplaire.

149. Réflexions, ou Sentences morales (du duc de
La Rochefoucauld). Sixième édition. *Paris, Cl.
Barbin*, 1693, in-12, mar. br., dos orné, fil. tr.
dor. (*Trautz-Bauzonnet.*)

Cette édition, outre quelques augmentations, contient le *Discours de Segrais*
qui avait été supprimé dans les éditions postérieures à celle de 1665.

150. Réflexions, ou Sentences et Maximes morales
de M. le duc de la Rochefoucauld, avec des ob-

servations de M. l'abbé Brotier. *Paris, chez J.-G. Mérigot,* 1789, pet. in-8, portrait gravé par P. Choffard d'après Petitot, mar. citron, fil. tr. dor. (*Anc. rel.*)

Exemplaire de M. J. de Noailles, duc de Poix.

151. Réflexions, Sentences et Maximes morales de La Rochefoucauld, *nouvelle édition conforme à celle de* 1676... avec des notes nouvelles par G. Duplessis, et une Préface par Sainte-Beuve. *Paris, P. Jannet,* 1853, gr. in-16, mar. br. dos orné, fil. tr. dor. (*Lortic.*)

Exemplaire sur papier de Chine.

152. Les Caractères de Théophraste, avec les Caractères de La Bruyère, nouvelle édition... avec des notes littéraires et historiques, par Adr. Destailleur. *Paris, P. Jannet,* 1854, 2 vol. gr. in-16, mar. br. dos orné, fil. tr. dor. (*Lortic.*)

Exemplaire sur papier de Chine.

153. Dissertation sur le prétendu bonheur des plaisirs des sens pour servir de réplique à la réponse qu'a faite M. Bayle pour justifier ce qu'il a dit sur ce sujet, dans ses Nouvelles de la République des lettres... (par Ant. Arnauld). *Cologne, Nic. Schouten,* 1687, pet. in-8, mar. r. fil. tr. dor. (*Aux armes de Perrinet, seigneur de Jars du Pezeau.*)

Excellente reliure de BOYET.

154. Les Mœurs. (Par Toussaint.) *S. l. (Paris)* 1748, in-8, tiré in-4, réglé, front. gr., fleurons et vignettes, mar. rouge, fil. dent. tr. dor. (*Anc. rel.*)

Bel exemplaire en grand papier; on y a joint l'arrêt du parlement de Paris, qui condamne l'ouvrage à être lacéré et brûlé.
Des bibliothèques de d'Hangard et du prince Radziwill.

155. Pensées et Réflexions morales sur divers sujets (par Madame d'Arconville). *Avignon,* 1760, in-12, pap. de Holl. v. éc. tr. dor. (*Rel. anc.*)

Exemplaire de l'auteur, avec son ex-libris, sur papier, gr. d'après Eisen.
De la bibliothèque de PIXERÉCOURT.

R.   3

156. Le Galatée (Traité très-utile pour bien dresser
une jeunesse en toutes manières et façons de
faire louables, etc.), premièrement composé en
italien par J. De la Case, et depuis mis en francois, latin, allemand et espagnol. *S. l. (Genève),
par Jean de Tournes*, 1609, in-16, mar. brun,
fil. à froid, tr. dor.

Le français est imprimé en caractères de civilité.

157. Disciplina clericalis. Discipline de Clergie, traduction (en prose du xv° siècle) de l'ouvrage de
Pierre Alphonse. — Le Chastoiement d'un père
à son fils, traduction en vers français (du xiv° s.,
du même ouvrage). *Paris, de l'imprimerie de
Rignoux*, 1824, 2 vol. pet. in-8, pap. de Holl.
demi-rel. c. de R. n. rogn.

Publié par la Société des bibliophiles français, par les soins de l'abbé de
Laboudrie, et tiré à 200 exemplaires.

158. Éducation des filles, par M. l'abbé de Fénelon.
Paris, P. Aubouin, 1687, in-12, mar. bl. fil. dos
orné, tr. dor. (*Hardy-Mennil.*)

Édition originale.

159. Instruction chrestienne pour la jeunesse de
France en forme d'Alphabet propre pour ap-
prendre les enfans tant à lire, escripre, à lier ses
lettres, que congnoistre Dieu et le prier. *Lyon, de
l'imprimerie de Robert Granjon*, 1562. — Le
Moyen de parvenir à la congnoissance de Dieu,
et conséquemment à salut. *Lyon, le même*, 1562.
— Reigle de vivre d'ung chascun chrestien, selon
la pure doctrine de Dieu. *Lyon, le même*, 1562.
— Forme et Manière de vivre des chrestiens en
tous estats. *Lyon, le même*, 1562. — En 1 vol.
in-8, mar. vert, fil. dos orné, tr. dor. (*Lortic.*)

Traités rares imprimés en caractères cursifs dits de civilité.

3. *Politique.*

160. POLITIQUE tirée des propres paroles de l'Écriture Sainte... ouvrage posthume de Messire J.-B. Bossuet. *Paris, Pierre de Cot*, 1709, gr. in-4, portr. d'après Rigaud, gravé par Édelinck, mar. r. dos fleurdelisé, fil. tr. dor.

ÉDITION ORIGINALE. Superbe exemplaire en grand papier, aux armes du duc DU MAINE, et provenant de la bibliothèque du roi LOUIS-PHILIPPE au Palais-Royal.

Il a figuré depuis aux ventes Ch. Giraud et Solar.

161. Pietra del paragone politico di Traiano Boccalini. *Impresso in Cosmopoli per Cornelio Last (Holl., Elzev.)*, 1652, in-24, figures de Romain de Hooge, vélin blanc, à recouvr. fil.

Exemplaire NON ROGNÉ.

162. Considérations civiles, sur plusieurs et diverses histoires tant anciennes que modernes et principallement sur celles de Guicciardin, contenans plusieurs preceptes et reigles, pour Princes, Républiques, capitaines, colonnels, ambassadeurs, et autres agents et serviteurs des Princes, traitées par Manière de discours par le sieur Remy Florentin et mises en francois par Gabr. Chappuys, Tourangeau. *Paris, chez Abel l'Angelier*, 1585, in-8, mar. rouge, fil. à comp. (*Rel. anc.*)

163. Traités sur divers sujets intéressants de politique et de morale (par G.-L. Schmid). *S. l.*, 1760, pet. in-8, mar. r. fil. tr. dor. (*Rel. anc.*)

164. Le Livre de l'Institution du Prince, au Roy de France... Françoys premier... composé par M. Guillaume Budé... maistre de sa librairie. *Paris, chez Jehan Foucher*, 1547, in-8, v. f. ornem. sur les plats, tr. dor. (*Rel. du XVIe siècle.*)

Ainsi que le constate le privilége qu'on lit au verso du titre et qui a été accordé à Nicole Paris, imprimeur à Troyes, ce livre a été imprimé par ledit Nicole Paris. Jehan Foucher n'était que libraire. Nicole Paris avait déjà imprimé l'Institution du prince dans l'abbaye de l'Arrivour, pour le compte de l'abbé Jehan de Luxembourg. La présente édition a été revue et publiée

par Richard le Blanc, comme il le dit lui-même dans une épitre placée en
tête du volume et adressée à Claude de Lorraine, duc de Guise.

On a relié à la suite du volume : *Le Philosophe de Court, autheur Philibert de Vienne, Champenois, advocat. Lyon, par Jean de Tournes,* 111 pages; opuscule rare, et dont il existe une traduction en anglais.

165. JOANNIS MARIANÆ de rege et regis institutione
    libri III, ad Philippum III, Hispaniæ Regem catho-
    licum. *Toleti, apud P. Rodericum,* 1599, in-4,
    réglé, mar. r. fil. tr. dor. (*Padeloup.*)

Édition originale de ce livre célèbre, qui a été condamné au feu par le
parlement de Paris et supprimé en Espagne. Les réimpressions qui en ont
été faites ne sont point entières.

On a ajouté, à la fin de cet exemplaire, une pièce imprimée en 1610, contenant la censure de ce livre faite par la Sorbonne à la requète du parlement,
l'arrêt de condamnation du parlement et le procès-verbal de l'exécution de
cet arrêt (6 feuillets).

Ce bel exemplaire, en papier fort, est aux armes et aux chiffres du COMTE
D'HOYM. Ce doit être le même qui figure dans les catalogues de BOZE, GAI-
GNAT et LA VALLIÈRE.

166. Question royalle et sa décision (par Du Verger
    de Hauranne, abbé de S. Cyran). *Paris, Tous-
    sainct du Bray,* 1609, in-12, mar. vert, fil. tr.
    dor. (*Rel. anc.*)

C'est la réimpression qui a été faite vers 1740, quoique une note déjà
ancienne, mise sur la garde, dise le contraire.

II. HISTOIRE NATURELLE. — MÉDECINE.

167. Discours admirables de la nature des eaux et
    fonteines, tant naturelles qu'artificielles, des mé-
    taux, des sels et salines, des pierres, des terres,
    du feu et des émaux... Plus un traité de la marne
    fort utile et nécessaire pour ceux qui s'occupent
    de l'agriculture... le tout dressé par dialogues par
    M. Bernard Palissy. *Paris, chez Martin le Jeune,*
    1586, in-8, mar. rouge, dent. int. tr. dor. (*Trautz-
    Bauzonnet.*)

Volume curieux et rare.

168. M. TERENTII VARRONIS Opera quæ supersunt. In
    lib. de ling. lat. conjectanea J. Scaligeri. In lib.
    de Re rust. Notæ ejusdem. *S. l. (Genevæ, H. Ste-*

phanus), 1581, in-8, réglé, mar. ol. compart. tr.
dor.

Riche reliure du seizième siècle, du même relieur et offrant les mêmes ornements que celle du numéro suivant. Seulement, au lieu du petit écusson fleurdelisé, on a appliqué au centre des plats les armoiries de Nicolas de Villars, évêque d'Agen.

Ce livre a appartenu au savant médecin René Moreau, professeur de médecine et de chirurgie au Collége de France, né à Montreuil-Bellay, en Anjou, en 1587. Il a mis son nom sur le titre et écrit une note en latin sur un des feuillets de garde, de laquelle il semble résulter que ce livre lui a été donné en prix au collége des jésuites d'Agen par l'évêque Nic. de Villars.

R. Moreau est auteur de plusieurs ouvrages de médecine très-estimés dans son temps. « Sa bibliothèque, dit le P. Jacob (*Traité des plus belles bibliothèques*), très-accomplie en faits de livres de médecine et de philosophie, ne lui a pas acquis une moins grande réputation que sa doctrine. »

169. Hippocratis Coi... Jusjurandum. Aphorismo-
rum sectiones VIII. Prognostica, Prorrheticorum
lib. II. Coaca præsagia. Gr. et lat... studio J. Op-
sopœi Brettani. *Francofurti, apud hæredes A. We-
cheli*, 1587, in-16, réglé, mar. citr. compart. tr.
dor.

Charmante reliure de la fin du seizième siècle, toute parsemée de lauriers, de lis, de chardons et de marguerites, sur le dos et sur les plats. On remarque sur le plat recto un écu, à la bande cintrée, chargée de trois fleurs de lis, et sur le plat verso un lis dans un écusson, avec ces mots autour : *Expectata non eludet.* On suppose que ces reliures ont été faites pour la reine Marguerite, femme d'Henri IV.

170. Dialogue de la vie et de la mort, composé en
toscan par maistre Innocent Ringhier... nouvellement traduit en françois par Jehan Louveau,
Recteur de Chastillon de Dombes. Seconde édition. *Lyon, de l'imprimerie de Robert Granjon,*
1558, pet. in-8, réglé, mar. v. compart. tr. dor.
et ciselée.

Imprimé en caractères de civilité. Riche et belle reliure du seizième siècle, bien conservée.
Exemplaire très-grand de marges et rempli de témoins. De la bibliothèque de M. Coste, de Lyon.

171. Ouvrage de Pénélope, ou Machiavel en médecine, par Aletheius Demetrius (Julien Offray de la
Mettrie). *Genève*, 1748, 3 vol. in-12, mar. rouge,
fil. tr. dor. (*Rel. anc.*)

172. Fisionomia grandissima brevita raccolta da i
libri di antichi filosofi, nuovamente fatta volgare
per Paolo Pinzio. Et per la diligenza di M. Antonio del Moulin messa in luce. *Lione, per Giov. di
Tournes,* 1550, in-8, réglé, mar. ol. compart. tr.
dor.

Très-jolie reliure du seizième siècle, avec riches compartiments à froid.
Le même ouvrage existe en français, écrit par Antoine du Moulin, qui
est, comme on vient de le voir, l'éditeur du livre italien. M. Brunet ne parle
ni de l'un ni de l'autre. Voici le titre de l'ouvrage français : « Physionomie
naturelle, extraite de plusieurs philosophes anciens et mise en françois par
Antoine du Moulin. *Lyon, Jean de Tournes,* 1550, in-8. »
Nous ne savons auquel des deux auteurs, l'Italien ou le Français, est dû
l'ouvrage original.

173. Tractatus physiologicus de pulchritudine,
juxta ea quæ de sponsa in Canticis Canticorum
mystice pronunciantur, authore Ern. Vænio.
Bruxellis, Fr. Foppens, 1662, pet. in-8, mar.
vert, non rogné.

Volume curieux orné de jolies figures au trait imprimées dans le texte.
Exemplaire de Renouard.

174. Traité du Ris, contenant son essance, ses causes
et mervellieus effais, curieusement recerchés,
raisonnés et observés par M. Laur. Joubert, me-
decin ordinaire du Roy, etc. Item, la Cause morale
du ris de Démocrite, expliquée et temognée par
Hippocras. Plus un dialogue sur la cacographie
françoise, avec des annotations sur l'orthogra-
phie de M. Joubert. *A Paris, chez Nicolas Ches-
neau,* 1579, in-8, mar. rouge, jans. dent. int. tr.
dor. (*Trautz-Bauzonnet.*)

Bel exemplaire d'un ouvrage curieux et rare.

175. Dissertation physique à l'occasion du nègre
blanc (par Maupertuis). *A Leyde* (à la Sphère),
1744, pet. in-8, v. éc. fil. (*Aux armes d'Amelot
de Chaillou, ministre de Louis XVI.*)

176. Vénus physique (Dissertations sur l'origine des
hommes et sur l'origine des noirs, par Maupertuis). *S. l.* (*Paris*), 1745, in-12, v. éc.

Exemplaire de Mich. de La Cour.

177. De la Maladie d'amour ou Mélancholie éroti-
que. Discours curieux qui enseigne à cognoistre
l'essence, les causes, les signes, et les remèdes de
ce mal fantastique, par Jacques Ferrand, Agénois.
Paris, D. Moreau, 1623, in-8, mar. r. dos orné,
dent. tr. dor. (*Rel. de Mouillié.*)

Livre rare. Bel exemplaire.

La première édition, publiée à Toulouse sous le titre : *Traité de l'essence
et guerison de l'amour, ou De la Melancholie erotique. Tolose, Colomiez,*
1610, in-12 (8 ff. lim., 222 pages, plus une pour l'*errata*), a été prohibée et
condamnée à être brûlée par l'archevêque de Toulouse, « le livre ayant été
jugé grandement pernicieux pour les bonnes mœurs et fort scandaleux et
impie. »

J. Ferrand a fait subir des modifications d'une certaine importance à
l'édition de 1623, soit en paraphrasant longuement le texte de la première,
soit, surtout, en atténuant certains passages, en effaçant quelques expressions
un peu crues. (Voir, sur Jacques Ferrand, une curieuse *Notice historique et
bibliographique*, par le docteur Desbarreaux-Bernard. Toulouse, 1869, in-8.)

Exemplaire de Mac-Carthy et d'Hibbert.

178. Idée générale de l'œconomie animale et observations sur la petite vérole, par Helvetius, médecin du Roy. *Paris, Rigaud,* 1722, in-12, mar.
r. dos orné, fil. tr. dor. (*Aux armes du duc de
Béthune-Charost.*)

179. Syruporum universa ratio ad Galeni censuram
diligenter expolita... Michaele Villanovano authore. *Lugduni, apud G. Rovillium,* 1547, in-8,
réglé, mar. citr. large dent. doublé de tabis, tr.
dor. (*Padeloup.*)

Très-joli exemplaire. L'auteur est le fameux Michel Servet.

III. MATHÉMATIQUES. — SCIENCES OCCULTES.

180. L'ARITHMÉTIQUE de Jaques Peletier du Mans,
departie an quatre livres. Revue et augmentée par
l'auteur. *A Lion, par Jan de Tournes,* M.D.LIIII.
— L'Algèbre de Jaques Peletier du Mans, departie an deus livres. A Très illustre Seigneur Ch. de
Cossé, maréchal de France. *Lion, Jan de Tournes,*
M.D.LIIII, in-8, réglé, v. à compart. tr. dor. ciselée. (*Rel. du* xvie *s.*)

Exemplaire aux armes du célèbre cardinal (Charles) DE LORRAINE, arche-

vêque de Reims, mort en 1574. Superbe reliure, couverte d'élégants ornements peints en or et couleur. D'une parfaite conservation.

181. Marini Chetaldi, patritii Ragusini, mathematici
præstantissimi, de resolutione et compositione
mathematica libri quinque, opus posthumum.
*Romæ, ex Typographia reverendæ cameræ aposto-
licæ,* 1630, in-folio, v. fauve. (*Aux armes de J.-A.
de Thou.*)

Exemplaire de Libri.

182. Éléments de la philosophie de Newton, mis
à la portée de tout le monde par M. de Voltaire.
Amsterdam, chez Jacques Desbordes, 1738, gr.
in-8, mar. vert, fil. dent. tr. dor. doublé de tabis.

Exemplaire en papier fort, relié par DEROME.
Cette édition est ornée d'un frontispice par Dubourg, d'un beau portrait
de Voltaire gravé par Folkema, et de 25 vignettes et 25 culs-de-lampe, par
Dubourg, B. Picart, Schley, etc.

---

183. Le Monde enchanté, ou Examen des communs
sentimens touchant les esprits, etc., divisé en
quatre parties, par Balthasar Bekker, traduit du
hollandois. *Amsterdam, chez P. Rotterdam,* 1694.
— Traité hist. des dieux et des démons du paganisme, avec quelques remarques critiques sur le
système de M. Bekker, par Benjamin Binet. *Delff,
chez André Voorstad,* 1696; ensemble 5 vol. pet.
in-12, fig. demi-rel., dos et coins de mar. brun.
(*Trautz-Bauzonnet.*)

Exemplaire NON ROGNÉ. Rare dans cette condition. De la bibliothèque de
M. DE LA BÉDOYÈRE.
C'est l'édition originale, qui se reconnaît en ce que la signature de Bekker,
qui est à la fin des épîtres dédicatoires de chacun des quatre volumes, est
de sa main, tandis que, dans la réimpression, cette signature est figurée par
une griffe d'imprimerie.
« L'auteur cherche à prouver dans ce livre qu'il n'y a jamais eu ni sorciers ni possédés, et que les diables ne se mêlent pas des affaires des hommes. »

184. De la Démonomanie des Sorciers, par J. Bodin, Angevin, reveue diligemment. *Lyon, par Ant.
de Hardy,* 1598, in-8, mar. r. tr. dor.

A la suite de *la Démonomanie,* Bodin a ajouté une *Réfutation des opinions
de Jean Wier,* qui, dans son livre *De Lamiis,* se prononce contre la condamnation des sorciers.

185. L'Histoire prodigieuse et lamentable du docteur Fauste : avec sa mort espouvantable, là où
est monstré combien est misérable la curiosité des
illusions et impostures de l'esprit malin : Ensemble la corruption de Satan par luy-mesme estant contraint de dire la vérité (trad. de l'allemand de G. R. Widmann par P. V. Palma-Cayet).
*Jouxte la copie imprimée à Roüen, par Nicolas
l'Oyselet,* 1616, in-12, mar. bleu à comp. tr. dor.
(*Simier.*)

Exemplaire d'Audenet et d'Aimé-Martin, avec la note suivante de la main
du dernier :
« L'Epistre de Palma-Cayet qui est à la tête de cette édition n'a pas été
reproduite dans la petite édition hollandaise de 1674, qui est plus jolie et
mieux imprimée. »

186. Arcandam doctor peritissimus ac non vulgaris
astrologus de veritatibus, et prædictionibus astrologiæ, et præcipue nativitatum seu fatalis dispositionis, vel diei cujuscunque nati, nuper per
Mag. Rich. Roussat, canonicum Lingoniensem...
æditus... *Parisiis, D. Janotius,* 1542, in-8, fig.
sur bois, mar. la Vall. jans. dent. int. (*Trautz-
Bauzonnet.*)

Exemplaire NON ROGNÉ.

187. Speculum lapidum Camilli Leonardi, cui accessit sympathia septem metallorum ac septem
selectorum lapidum ad planetas D. Petri Arlensis de Scudalupis Presbyteri Hierosolimitani. *Parisiis, apud Carolum Sevestre et Joannem Petit-
pas,* 1610, in-8, titre gravé, v. fauve.

Avec le beau portrait, en très-belle épreuve, de Charles de Gonzague,
duc de Nevers, célèbre capitaine et ambassadeur d'Henri IV près du pape
Sixte V, gravé par Thomas de Leu, et un autre de *Petrus Arlensis de Scudalupis,* également par Thomas de Leu.

IV. BEAUX-ARTS. — ARTS DIVERS.

188. LE VITE DE' PIU EXCELLENTI ARCHITETTI, pittori
e scultori italiani, da Cimabue insino à tempi
nostri, da Giorgio Vasari. *In Firenze,* M.D.L. (A la

fin :) *Stampato in Fiorenza, appresso Lorenzo Tor-
rentino*, M.D.L, 3 part. en 2 vol. in-4, mar. ol.
tr. dor. (*Rel. du* xvie *siècle.*)

ÉDITION ORIGINALE. Bel exemplaire de DÉDICACE à COSME DE MÉDICIS,
premier grand-duc de Toscane, avec ses armes sur les plats.

189. LE VITE DE' PIU ECCELLENTI PITTORI, scultori,
e Archittettori, scritte da M. Giorgio Vasari, di
nuovo dal medesimo riviste et ampliate con i ri-
tratti loro... *In Fiorenza, appresso i Giunti*, 1568,
2 tom. en 3 vol. in-4, portr. gravés sur bois, mar.
r. dos orné, fil. tr. dor. (*Padeloup.*)

Édition rare et recherchée. Bel exemplaire.

190. Cleri totius Romanæ ecclesiæ subjecti, seu
Pontificiorum ordinum omnium omnino utriusque sexus, habitus, arificiosissimis figuris quibus
Fr. Modii a singula octosticha adjecta sunt. *Francofurti, sumptibus Sigismundi Feyrabendii*, 1585,
in-4, réglé, fig. mar. r. jans. tr. dor. (*Duru.*)

Bel exemplaire de ce beau recueil de costumes ecclésiastiques, de Jost
Amman, coufenant 102 figures sur bois.

191. DE GLI HABITI ANTICHI et moderni di diverse
parti del mondo, libri due, fatti da Cesare Vecellio. *Venetia, presso Damian Zenaro*, 1590, in-8,
430 pl. gr. sur bois, mar. orange, dos et plats
ornés. (*Trautz-Bauzonnet.*)

Première édition de ce recueil recherché. Très-bel exemplaire de PINELLI,
entièrement NON ROGNÉ et parfaitement conservé, peut-être unique dans
cet état.

192. SUITE D'ESTAMPES pour servir à l'histoire
des mœurs et du costume des François dans le dix-
huitième siècle. Année 1775. *Paris, de l'imprimerie de Prault*, M.DII.LXXVI. — SECONDE SUITE
D'ESTAMPES pour servir à l'histoire des modes et
du costume en France dans le dix-huitième siècle.
Année 1776. *Paris, de l'impr. de Prault*, 1777.
— MONUMENT DU COSTUME PHYSIQUE et moral de
la fin du dix-huitième siècle, ou Tableaux de la
vie (texte par Restif de la Bretonne), ornés de

figures dessinées et gravées par Moreau le jeune. *Neuwied sur le Rhin, chez la Société typographique*, M.DCC.LXXXIX, 3 part. en 1 vol. gr. in-fol. mar. r. dos orné, large dent. tr. dor. (*Bedford.*)

Superbe exemplaire de ces trois belles suites de gravures comprenant ensemble 38 estampes, savoir 12 par Freudenberg et 26 par Moreau. Les trois suites sont en très-belles épreuves. La seconde (première de Moreau) est avec les lettres A. P. D. R. (avec privilége du roi), qui ont été effacées dans les tirages postérieurs.

La reliure de Bedford est une heureuse imitation d'une belle reliure française du dix-huitième siècle.

193. Suite de 22 vignettes de Duplessis-Bertaux, et portrait, pour la Pucelle de Voltaire, tirés in-8, pap. de Hollande.

Premières épreuves. De la bibliothèque de M. de La Bédoyère.

---

194. Recherches sur le commerce, la fabrication et l'usage des étoffes de soie, d'or et d'argent et autres tissus précieux en Occident, principalement en France pendant le moyen âge, par Francisque Michel. *Paris, impr. de Crapelet*, 1852, 2 vol. in-4, mar. rouge, dos et coins ornés, fil. dent. int. tr. dor. (*Trautz-Bauzonnet.*)

Belle publication, faite aux frais de M. Yemeniz, et tirée à 250 exemplaires seulement. Celui-ci, un des trois en papier de Hollande que M. Yemeniz s'était réservés, est recouvert d'une belle reliure portant son chiffre deux Y entrelacés, sur le dos. (*Catal. Yemeniz,* n° 1093.)

195. Solitaire second, ou Prose de la musique. *Lion, par Jean de Tournes,* 1555, pet. in-4, mar. rouge, comp. à la Du Seuil, tr. dor. (*Kœhler.*)

Exemplaire de L. Cailhava.

196. Trois Dialogues du S. Archange Tuccaro. Le premier traite des exercices gymnastiques dont les anciens usoient... Le second contient plusieurs beaux discours du saut... Au troisième est fort amplement discouru des exercices que l'homme peut faire. *Tours, G. Griveau,* 1616, in-4, réglé, fig. sur bois, mar. v. tr. dor. (*Padeloup.*)

Livre curieux et rare. Bel exemplaire, bien complet, de d'Hangard et, en dernier lieu du prince Radziwill.

197. Oplomachia di Bonaventura Pistofilo nobile
ferrarese... nella quale con dottrina morale, po-
litica, e militare, e col mezzo delle figure si tratta
per via di teorica e di pratica del maneggio, e
dell' uso dell armi. Distinta in tre discorsi di
Picca, d'Alabarda e di Moschetto. *In Siena*, 1621,
per Hercole Gori, pet. in-4 obl. mar. r. dos orné,
compart. tr. dor. (*Bedford.*)

Ouvrage curieux contenant 53 planches finement gravées, dont 34 pour
l'exercice de la pique, 4 pour la hallebarde et 15 pour le mousquet. Il y a
en outre deux portraits, celui de l'auteur et celui du chevalier Kenelm
Digbi, à qui l'ouvrage est dédié, à l'âge de dix-huit ans.

198. Phebus (Gaston Phebus, comte de Foix). Des
Deduitz de la Chasse. In-fol. à 2 col. mar. bl. fil.
dos orné, tr. dor. (*Rel. anc.*)

Manuscrit sur vélin, composé de 52 feuillets et décoré d'un grand nombre
de lettres initiales en or et en couleur. On devait y ajouter un grand nombre
de figures ; mais la place qui leur était destinée est restée en blanc. Sept de
ces figures seulement ont été dessinées en noir.
   On lit à la fin du manuscrit : Escript p. moy François de la Morlière ch^r
s^r dud. lieu m.cccc.iiij xx vij. »

199. Reliqua librorum Friderici II, imperatoris, de
arte venandi cum avibus, cum Manfredi Regis
additionibus. Ex membranis vetustis nunc pri-
mùm edita. Albertus Magnus de Falconibus, As-
turibus, et Accipitribus (edidit Velserus). *Augustæ Vindelicorum, apud Joannem Prætorium
anno* 1596, in-8, mar. rouge, dos orné, fil. tr.
dor. (*Trautz-Bauzonnet.*)

Exemplaire avec TÉMOINS. La préface de l'éditeur est suivie de deux
figures sur bois gravées d'après le ms., représentant Frédéric II et deux fau-
conniers.
De la bibliothèque Yemeniz.

200. Les Ruses innocentes dans lesquelles se voit
comment on prend les oyseaux passagers et les
non passagers ; et de plusieurs sortes de bêtes à
quatre pieds, avec les plus beaux secrets de la
pêche dans les rivières et dans les estangs... par
F. F. F. R. D. G. (frère François Fortin, religieux
de Grandmont), dit le Solitaire inventif. *Paris,*

Ch. de Sercy, 1688, in-4, fig., mar. vert, dos orné, compart. à la Du Seuil, tr. dor. (*Petit-Simier*.)

Bel exemplaire aux armes du troisième prince d'Essling (André Masséna).

BELLES-LETTRES.

—

I. LINGUISTIQUE. ʾ

201. Linguarum duodecim characteribus differentium alphabetum introductio, ac legendi modus longe facilimus. Guillelmi Postelli diligentia. *Prostant Parisiis, apud D. Lescuier*, 1538, in-4, mar. citron, fil. tr. dor. (*Rel. anc.*)

202. Epitome Thesauri linguæ sanctæ auctore Sante Pagnino Lucensi. *Antuerpiæ, ex officina Christophori Plantini*, 1578, in-8, réglé, mar. vert. fil. tr. dor. (*Rel. anc.*)

Ce livre, qui a fait partie de la bibliothèque de J.-A. DE THOU (*Bibliotheca Thuana*, p. 228), porte un chiffre qu'on ne voit pas ordinairement sur ses livres, deux A et deux E entrelacés. On peut supposer que c'est celui qu'il avait adopté dans sa jeunesse, lorsqu'il s'appelait M. *d'Emery*, avant la mort de son frère Jean de Thou, arrivée en 1579.

En tête d'un volume de la bibliothèque de Renouard, intitulé *Meliss Schediasmata*, qui avait aussi fait partie de la *Bibliotheca Thuana*, t. II, p. 293, était écrit : *C.I.V. Jacobo Augustino Thuano Æmerio.* (Voir le *Catal. de la bibl. d'un amateur* (Renouard), t. II, p. 337.)

203. Commentariorum linguæ latinæ tomus primus (et secundus) Stephano Doleto Gallo Aurelio autore. *Lugduni, apud Seb. Gryphium*, 1536, 2 vol. in-fol., titres avec gravures sur bois, mar. bleu, fil. tr. dor. (*Rel. anc.*)

Bel exemplaire réglé.

204. Stephani Doleti dialogus de Imitatione Ciceroniana adversus Desiderium Erasmum Rotero-

damum pro Christophoro Longolio. *Lugduni,
apud Seb. Gryphium*, 1535, in-4, gr. pap. mar.
rouge, fil. tr. dor. (*Rel. anc.*)

Exemplaire de Gaignat.

205. La Deffence et illustration de la langue fran-
çoyse, par J. D. B. A. (Joachim du Bellay, Angevin). *Imprimé à Paris pour Arnoul l'Angelier*,
1549. — L'Olive. Le contenu de ce livre. Cinquante
sonnetz à la louange de l'Olive. L'Antérotique de
la vieille et de la jeune amye, vers lyriques, par
J. D. B. A. (J. du Bellay). *Paris, Arnoul l'Angelier*, 1549 ; 2 part. en 1 vol. pet. in-8, mar. r.
fil. dos orné, tr. dor. (*Lortic.*)

Ces deux ouvrages, les premiers de Du Bellay, ont été publiés ensemble,
comme on le voit dans le privilége qui leur est commun.

M. Brunet pensait que le *Recueil de poésies, présenté à madame Marguerite, sœur du roi*, avait paru auparavant, mais cela ne peut être, attendu
que Du Bellay, dans son épître à la princesse, placée en tête du volume, dit
avoir mis en lumière il y a peu de temps quelques petits ouvrages poétiques,
ce qui doit s'entendre du recueil intitulé *l'Olive*. Dans l'*Epître au lecteur* de
ce dernier recueil, Du Bellay donne ces poésies comme les premières qu'il ait
faites. Il y parle aussi de sa *Défense et illustration de la langue française*,
dont il les fit précéder, dit-il, pour leur aplanir le chemin.

206. RECVEIL DE L'ORIGINE de la langue et poesie
françoise, ryme et romans. Plus les noms et sommaire des œuures de cxxvii poëtes françois, viuans
auant l'an Mccc (par Cl. Fauchet). *A Paris, par
Mamert Patisson, imprimeur du roy, au logis de
Robert Estienne*, MDLxxxi, in-4, vélin, tr. dor.

Première édition.
Bel exemplaire de J.-A. DE THOU, à ses premières armes. De la bibliothèque de MAC-CARTHY.

207. Etymologie des mots françois, qui tirent leur
origine de la langue grecque, en forme de dictionnaire dressé pour l'utilité, par Jules César de
Bernières, escuyer, sieur de la Motte Renvvez,
gentilhomme champenois. *Paris, chez Claude
Le Beau, rue Saint Jacqucs, au Bon Pasteur*, 1644,
pet. in-12, v. fauve, dos orné, fil. dent. int. tr.
dor. (*Bedford.*)

Petit volume rare.

208. Claudii a Sancto Vinculo (Molinensis Borbo-
niorum) de pronuntiatione linguæ Gallicæ libri
duo; ad illustr. et doctiss. Elizabetham Anglorum
Reginam. *Londini, excud. Th. Vautrosserius*,
1580, in-8, 199 pages, mar. r. compart. tr. dor.
(*Bedford.*)

Un des traités les plus rares sur ce sujet. Il s'y trouve un grand nombre
de phrases et de petits dialogues en français ou la prononciation française
est figurée à côté, suivant la prononciation anglaise. Les pages 154 à 199
sont occupées par une *Oraison de la résurrection du Seigneur*, en latin et
en français, commençant ainsi : « La triumphante et glorieuse victoire de
Christ, notre capitaine... Messieurs de Londres. »

209. Deux Dialogues du nouveau langage françois
italianizé, et autrement desguizé, principalement
entre les courtisans de ce temps : de plusieurs
nouveautez qui ont accompagné ceste nouveauté
de langage, de quelque courtisanismes et de quelques singularitez courtisanesques (par Henri Estienne). *S. l. n. d. (Genève*, 1578), in-8, mar.
rouge, tr. dor. (*Trautz-Bauzonnet.*)

Édition originale de cet ouvrage, un des plus curieux et des plus piquants
d'Henri Estienne, et qui lui attira, à cause des plaisanteries par trop libres
qui s'y trouvent, de vifs désagréments avec le Conseil et le Consistoire de
Genève, qui le condamnèrent à la prison. (Voir les *Annales des Estienne*,
de Renouard, pages 414 et suiv.)
Bel exemplaire très-grand de marges. (*Vente L. Potïer*, 1870.)

210. Synonymes françois, leurs différentes signifi-
cations... par l'abbé Girard. *Paris, de l'impr. de
la veuve d'Houry*, 1740, in-12, mar. r. dos fleurdelisé, tr. dor.

Aux armes de Louise-Élisabeth de Bourbon-Condé, veuve de Louis-
Armand de Bourbon, prince de Conti, mort en 1727.

211. Le Dictionnaire des halles, ou Extrait du dictionnaire de l'Académie françoise (par Artaud).
Bruxelles (à la Sphère), chez Franç. Foppens,
1696, in-12, v. fauve, dos orné, fil. tr. dor. (*Bauzonnet.*)

Exemplaire de Crozet et de M. Vernon-Utterson.

212. Dictionnaire et colloques françois et breton,
traduits du françois en breton par G. Quiquer de
Roscoff. *Morlaix, de l'impr. de Georges Allienne*,

1626, in-16, v. f. dos orné, fil. tr. dor. (*E. Niedrée.*)

II. POÉSIE.

1. *Poètes latins anciens.*

213. J. Cæsaris Scaligeri Poetices libri VII. Editio
secunda. *S. l. (Genevæ) Apud P. Santandreanum,*
1581, in-8, mar. vert, fil. tr. dor.

Bel exemplaire aux premières armes de J.-A. de Thou. De la bibliothèque
du docteur Mitford, avec une longue note de sa main.

214. Poetæ tres egregii nunc primum in lucem
editi; Gratii de Venatione lib. I. P. Ovidii Ha-
lieuticon lib. Nemesiani Cynegeticon lib. I, etc.
Venetiis, in ædibus heredum Aldi, M.D.XXXIIII.—
Diversorum veterum poetarum in Priapum lusus;
P. V. M. Catalecta, Copa, Rosæ, Culex, Diræ,
Moretum, Ciris, Ætna, etc. *Venetiis, in ædibus Aldi,* M.D.XXXIV; pet. in-8, réglé, mar. vert,
fil. dos orné, tr. dor.

Volume rare. Bel exemplaire dont la reliure est signée : *Padeloup le jeune,
place Sorbonne.*

215. Auctores rei Venaticæ antiqui cum commentariis Iani Vlitii. *Lugd. Bat., apud Elsevirios,* 1653,
pet. in-12, mar. r. compart. tr. dor (*Rel. angl.*)

Exemplaire NON ROGNÉ et parfaitement conservé. De la biblioth. de E.
Vernon Utterson.

216. Epigrammata et poematia vetera. Quorum
pleraque nunc primum ex antiquis codicibus et
lapidibus, alia sparsim antehac errantia, iam unde-
cumque collecta emendatiora edentur. *Parisiis,
excudebat D. Duvallius,* 1590, in-12, mar. rouge,
fil. tr. dor. (*Derome.*)

Recueil publié par P. Pithou. Exemplaire de Ch. Nodier.

217. Di Tito Lucrezio Caro della natura delle cose
libri sei. Tradotti da Alessandro Marchetti, prima

edizione. *Londra, per Giov. Pickard,* 1717, in-8, fig., mar. r. dos orné, dent. doublé de tabis, tr. dor. (*Derome jeune.*)

Exemplaire en GRAND PAPIER. De la bibliothèque de RENOUARD, qui y a ajouté tous les ornements de l'édition d'Amsterdam (Paris), 1754, c'est-à-dire le titre gravé et les deux frontispices par Eisen, les 6 figures dont 5 par Cochin, et une par Le Lorrain, les 7 vignettes par Cochin et par Eisen, les 5 culs-de-lampe dont 2 grands, par Cochin, Eisen et Vassé; le tout gravé par Lemire, Baquoy, Alliamet, Flipart, etc., et en très-belles épreuves.

Belle reliure signée de DEROME jeune, rue Saint-Jacques. Les ornements en or du dos et des plats de la reliure ont été exécutés d'après les dessins de Gravelot.

218. DI TITO LUCREZIO Caro della natura delle cose libri sei, tradotti dal latino da Alessandro Marchetti. *In Amsterdamo,* 1754, 2 vol. in-8, fig., mar. vert, dos orné, dent. tr. dor. (*Padeloup.*)

Belle édition ornée de deux frontispices et deux titres par Eisen, de 6 estampes, 5 par Cochin et une par Le Lorrain, et de 12 vignettes et culs-de-lampe par Cochin, Eisen et Vassé.

219. Titi Lucretii Cari de rerum natura libri sex. *Birminghamiæ, typis J. Baskerville,* 1773, pet. in-8, pap. fin, mar. citr. dos orné, fil. tr. dor.

Très-bonne reliure qui, en 1773, n'a pu être faite que par Derome jeune, quoiqu'elle ne soit pas dans sa manière habituelle.

Cet exemplaire a appartenu à Hugon de Basseville, secrétaire d'ambassade de la République française à Naples, assassiné par le peuple de Rome le 13 janvier 1793. Depuis à M. Vernon-Utterson.

220. Catulli, Tibulli et Propertii Opera. *Londini, Jac. Tonson,* 1715, in-12, front. gr., mar. citr. dos orné et compart. tr. dor. gardes de pap. doré à fleurs (*Padeloup.*)

Jolie reliure avec ornements à mosaïque sur les plats.

221. Catullus, Tibullus et Propertius, pristino nitori restituti, et ad optima exemplaria emendati, cum fragmentis C. Gallo inscriptis. *Parisiis, typis J. Barbou,* 1754, in-12, pap. fort, figures et vign. mar. rouge, large dent. doublé de tabis, tr. dor. (*Rel. anc.*)

222. Q. HORATII FLACCI OPERA. *Londini, æneis tabulis incidit Joannes Pine,* 1733-37, 2 vol. gr.

in-8, réglé, fig., mar. bleu à compart. de couleurs,
tr. dor. doublé de tabis rose.

Magnifique exemplaire de premier tirage.

Superbe reliure de Derome, à mosaïque sur le dos et sur les plats, avec incrustations de maroquin rouge représentant des fleurs.

Exemplaire du comte de Brancas-Lauraguais (1770), dont l'*ex-libris* sur papier est collé à l'intérieur. Il a appartenu depuis à Cl.-Jos. Clos (1812), à M. Du Parc à Gand, et enfin à M. Ch. Pieters, de Gand. Il y a de ce dernier une longue note sur l'uu des feuillets de garde.

223. Quintus Horatius Flaccus. *Birminghamiæ, typis J. Baskerville,* 1762, in-12, front. gr., mar. vert, dos orné, fil. tr. dor. (*Rel. anc.*)

Exemplaire de Hugon de Basseville, secrétaire de l'ambassade française à Naples (voir le n° 219).

224. P. OVIDII NASONIS FASTORVM LIBRI VI. Tristium lib. V. De Ponto libri III, etc. *Venetiis, in ædibus Aldi et Andreæ soceri,* MD.XVI, in-8, mar. n. tr. dor.

Exemplaire de MARC LAURIN (seigneur de Watervlied, de Bruges). Le volume, parfaitement conservé, porte d'un côté sa devise : *Virtus in arduo,* et de l'autre : *M. Laurini et amicorum.*

Les livres de LAURIN, cet émule des Grolier et des Maioli, sont beaucoup plus rares que ceux de ces célèbres amateurs. M. Brunet possédait le volume des Métamorphoses d'Ovide, d'Alde, 1516, du même Laurin ; il lui servait à compléter son Ovide des Aldes de première édition (1502-1503), à la reliure de Grolier, auquel ce volume manquait.

225. PHÆDRI FABULARUM Æsopiarum libri V. Cum commentariis M. Gudii, Nic. Rigaltii, etc., curante P. Burmanno. *Amstelædami, H. Wetstenius,* 1698, in-8, front. gr., mar. bl. fil. tr. dor.

Bel exemplaire aux armes et aux chiffres du comte D'HOYM.

226. A. Persii Satyrarum liber I. D. J. Juvenalis satyrarum lib. V. Sulpiciæ Satyra I, cum commentariis. Ex bibliotheca P. Pithœi. *Lutetiæ, apud Mam. Patissonium,* 1585, in-8, mar. r. fil. tr. dor.

Exemplaire portant ces armoiries : une croix cantonnée de quatre tours, l'écu surmonté d'une couronne de comte, d'une mitre et d'une crosse d'abbé, avec ce nom autour : CAROLUS DE CASTELLAN., 1663.

227. Statii Sylvarum libri quinque. Thebaidos libri duodecim. Achilleidos duo. (A la fin :) *Venetiis, in ædibus Aldi,* M.D.II, in-8, mar. rouge, ancre

Aldine sur les plats, dent. int. tr. dor. (*Trautz-Bauzonnet.*)

Superbe exemplaire très-grand de marges. Haut. : 165 mill. — Excellente reliure de Trautz-Bauzonnet.

228. M. Valerii Martialis Epigrammatum libr. *Lutetiæ Parisiorum, typis J. Barbou*, 1754, 2 vol. in-12, pap. fin, front. gr. et 2 vignettes d'Eisen, mar. r. dos orné et large dent. tr. dor. (*Rel. anc.*)

229. Cl. Claudiani quæ exstant. Nic. Heinsius, Dan. F., recensuit. *Lugduni Batavorum, ex officina Elzeviriana*, 1650, pet. in-12, réglé, mar. r. fil. tr. dor. (*Derome.*)

230. Aurelii Prudentii Clementis Opera. *Amsterodami, apud Gul. Janss.*, 1625, in-24, réglé, mar. fauve, écaillé, fil. tr. dor. (*Le Gascon.*)

Charmant petit volume aux armes de J.-J. BARILLON, président au Parlement de Paris, amateur distingué du dix-septième siècle. (Voir le *Traité des plus belles bibliothèques...* du P. Jacob. *Paris*, 1664, p. 500.)

2. *Poètes latins modernes. — Poètes macaroniques.*

231. Philippi Galtheri poetæ Alexandreidos libri decem, nunc primum in Gallia, gallicisque caracteribus editi. *Lugduni, excudebat Robertus Granjon*, Mil.D.lviij (1558), in-4, mar. r. fil. tr. dor.

Un des premiers livres imprimés en caractères cursifs, dits depuis de *civilité*. Très-bel exemplaire aux armes et aux chiffres de J.-A. DE THOU et de sa seconde femme, Gasparde de la Chastre.
De la bibliothèque du prince RADZIWILL.

232. PETRI DE BLARBORIVO (Pierre de Blarru) Parhisiani, insigne Nanceidos opus, de Bello Nanceiano. *In Pago divi Nicolai de Portu, per Petrum Jacobi*, anno M. D.XVIII, pet. in-fol. fig. sur bois, mar. br. compart. à froid, tr. dor. (*Trautz-Bauzonnet.*)

Poëme rare, dont le sujet principal est la défaite de Charles le Téméraire, à Nancy. Il est surtout recherché pour la beauté des gravures sur bois dont il est orné.
L'exemplaire, qui est bien conservé et très-grand de marges, a, en hauteur, 304 mill.

233. De lubrico temporis curriculo deque hominis miseria, necnon de funere Cristianissimi regis (Franciæ) Caroli octavi (a Simone Nanquier, alias de Gallo). (A la fin :) *Parisiis, per Nic. de Pratis pro Dionisio Roce,* s. a. (circa 1498), in-4, goth. 12 ff. mar. ol. tr. dor. (*Capé.*)

Pièce rare, sur les funérailles de Charles VIII. Sur le titre, la marque de Denis Roce. M. Brunet n'indique pas cette édition.

234. Regnum papisticum ; nunc postremo recognitum et auctum... Thoma Naogeorgo autore. (A la fin :) *Basileæ, ex officina Joannis Oporini,* 1559, in-8, mar. r. dos orné, fil. tr. dor. (*Derome.*)

Volume rare. C'est une satire des vices de la cour de Rome d'alors. A la suite se trouvent plusieurs autres satires.
Exemplaire de Girardot de Préfond et d'Hibbert.

235. Satyrarum libri quinque priores : Thoma Naogeorgo (Kirckmeyero) autore. *Basileæ, per Joannem Oporinum, s. a.,* in-8, mar. rouge, fil. dent. int. tr. dor. (*Derome.*)

Exemplaire de Ch. Nodier.

236. De Tristibus Franciæ libri IV. Ex bibliothecæ Lugdunensis codice nunc primum in lucem editi cura et sumptibus L. Cailhava. *Lugduni, per Lud. Perrin,* 1840, in-4, vign., mar. bl. tr. dor. (*Petit.*)

Poëme latin sur les guerres religieuses sous Charles IX.
Belle édition tirée à 120 exemplaires et ornée de 39 figures d'après les dessins du temps. Ex. avec de doubles épreuves tirées à part et au bistre.

237. Aloysii Juglaris Niciensis e societate Jesus hoc est Dei hominis elogia. 1640, in-12, mar. vert, dos orné, fil. tr. dor. (*Lortic.*)

Manuscrit daté de 1640, d'une jolie et fine écriture bâtarde. Le titre, en capitales romaines, est dans un joli cartouche gravé par Séb. Le Clerc.
C'est un recueil de 100 pièces de vers sur l'histoire de Jésus-Christ. Il a été imprimé sous ce titre : *Christus-Jesus hoc est Dei hominis Elogia centum. Gênes,* 1644, in-4.

238. Sarcotis et Caroli V imp. panegyris, carmina. Auctore Masenio. *Parisiis, Barbou,* 1771, in-12,

mar. rouge, dos orné, large dent. doublé de tabis,
tr. dor. (*Rel. anc.*)

239. Dominici Baudii Amores, edente P. Scriverio
(acced. Lælii Capilupi cento Virgilianus in fœmi-
nas; Ausonii cento nuptialis; Pervigilium Vene-
ris, etc.). *Lugduni Batavorum, apud Franciscos
Hegerum et Hackium,* 1638, gr. in-16, portr., mar.
rouge, fil. dent. intér. tr. dor. (*F. Niedrée.*)

Edition elzévirienne peu commune. Des exemplaires portent le nom de L.
Elzevier.

Exemplaire de **Ch. Nodier.**

240. Matthiæ Casimiri Sarbievii, e societate Jesu,
Carmina. *Parisiis, typis J. Barbou,* 1759, in-12,
mar. rouge, large dent. doublé de tabis bleu, tr.
dor. (*Rel. anc.*)

241. Cl. Quilleti Callipædia, seu de pulchræ prolis
habendæ ratione, poema didacticon, cum uno et
altero ejusdem authoris carmine. *Londini, impensis J. Bowyer.* — Sc. Sammarthani Pædotro-
phia, sive de Puerorum educatione, libri tres.
Londini, J. Bowier, 1708; in-8, mar. citron, fil. tr.
dor. (*Bradel-Derome.*)

Bel exemplaire en papier de Hollande, ayant appartenu à V. de Rémusat,
à Caillard, à Châteaugiron et à **Ch. Nodier.**

242. Lud. Smids, Pictura loquens; sive heroicarum
tabularum, Hadr. Schoonebeeck, enarratio et
explicatio. *Amstelædami, ex officina Hadr.
Schoonebeck,* 1695, pet. in-8, 60 fig., mar. bl. fil.
dos orné, tr. dor. (*Rel. anc.*)

Bel exemplaire.

243. N. St. Sanadonis Carminum libri IV. *Parisiis,
J. Barbou,* 1754, in-12, pap. fin, mar. vert, fil.
tr. dor. (*Rel. anc.*)

244. OPERA JOCUNDA No. Johanis Georgii ALIONI
Astensis metro macharronico materno : et Gallico
composita. (In fine :) *Impressum Ast per Francis-
chum de Silua Anno dni Milesimo quingentesimo
vigesimoprimo, die xij mensis Marcij,* pet. in-8,

fig., mar. v. à compart. doublé de mar. à compart.
tr. dor. (*Riche rel. angl. de Smith.*)

Un des livres les plus curieux et les plus rares qui existent. L'exemplaire a été acquis à Londres en décembre 1834, à la quatrième vente de Richard Heber. Il provenait de la bibliothèque Hanrott. Depuis il a figuré à la vente Brunet, où il a été acquis au prix de 805 fr.

Il y manque 2 feuillets dans les rébus qui sont à la fin du volume, et un feuillet blanc en tête.

« L'ouvrage renferme une macaronée latine, dix farces en patois milanais et piémontais, avec quelques passages en français, une consultation fort libre... plusieurs poëmes, chansons et autres poésies en français; enfin deux rondeaux en rébus, très-singuliers, et jusqu'alors sans modèle connu. Ce recueil appartient à la poésie française comme à la poésie italienne, à la classe des poètes dramatiques comme à celle des auteurs de nouvelles; et il tient aussi aux poètes macaroniques. » (*Catalogue Brunet*, n° 253.)

M. Emile Picot a montré dernièrement que plusieurs des farces italiennes d'Alione sont imitées d'anciennes farces françaises.

Les poésies françaises, pour la plupart, célèbrent les victoires des Français en Italie, les conquêtes de Naples par Charles VIII et Louis XII, la prise de Milan, la victoire de Marignan, etc.

Ce précieux volume ne se trouve, croit-on, dans aucune collection française. Les quatre exemplaires connus sont tous plus ou moins incomplets. Il manque 45 ff. à celui de lord Spencer, 14 ff. à celui de Croft et Bright, au nôtre 3 ff. (dont un blanc), et à celui de Libri le titre, qui a été refait par Vigna. (V. le *Manuel du libraire*, I, col. 183.)

Ce dernier exemplaire, qui a été soustrait à la bibliothèque de Grenoble, est actuellement dans la bibliothèque de Parme. Il a été payé 1750 fr. à la vente Libri, faite à Paris en 1847.

245. Opus Merlini Cocaii poetæ Mantuani Macaronicorum, totum in pristinam formam per me magistrum Acquarium Lodolam optimè redactum. *Amstelodami, apud Abr. à Someren (Neapoli),* 1692, pet. in-8, portr. et fig. mar. bl. dent. dos orné. tr. dor. (*Bozérian.*)

Jolie édition, ornée de 26 vignettes en taille-douce.
Exemplaire de M. de Montcalm.

246. ANTHONIUS ARENA provincialis de Bragardissima villa de Soleris, ad suos compagnones studiantes, qui sunt de persona friantes, bassas dansas in gallanti stilo bisognatas; cum guerra Romana... et cum guerra Neapolitana et cum revoluta Genuensi et guerra Avenianensi (sic). Et epistola ad falotissimam garsam pro passando lo tempus alagramentum mandat... *S. l. n. d.,* pet. in-8, goth. de 40 ff. mar. bl. fil. tr. dor. (*Kœhler.*)

Édition très-rare, une des plus anciennes de ce livret. Exemplaire de Caïlhava.

247. ANTHONIUS ARENA... ad suos compagnones... *On les vend à Lyon en la maison de Claude Nourry, dict le Prince,* 1521. (A la fin :) *Explicit utilissimum opus... impressatum in bragardissima villa de Lyone per discretum hominem magistrum Petrum de Vingle, de anno mille cincentum et triginta unum ad vinta unum de mense februarii* (marque de Cl. Nourry), pet. in-8, goth., 40 ff., mar. r. compart. tr. dor. (*Duru.*)

Édition non moins rare. Exemplaire de CH. NODIER et de Baudeloque.

3. *Poètes français.*

A. Depuis les premiers âges de la poésie française jusqu'à Cl. Marot.

248. Le Roman de Robert le Diable, en vers, du XIIIe siècle, publié pour la première fois d'après les mss. de la Bibliothèque du Roi, par G.-S. Trébutien. *Paris, Sylvestre,* 1837, in-4, gothique, à 2 col., cartonné, dans un étui.

L'un des 4 exemplaires imprimés sur VÉLIN.

249. Lai d'Ignaurès, en vers du XIIe siècle, par Renaud, suivi des lais de Mélion et du Trot, en vers du XIIIe siècle, publié par Monmerqué et Francisque Michel. *Paris, Silvestre,* 1832, gr. in-8, fac-simile, mar. r. fil. doublé de mar. r. fil. (*Niedrée.*)

Exemplaire unique imprimé sur VÉLIN. Belle reliure parsemée sur les plats extérieurs du chiffre répété à l'infini du marquis de COISLIN, avec ses armes à l'intérieur. Étui en maroquin vert.

250. Roman de la Violette ou de Gérard de Nevers, en vers, du XIIIe siècle, par Gibert de Montreuil, publié par Francisque Michel. *Paris, Silvestre,* 1834, gr. in-8, pap. vélin, mar. viol. fil. non rogné. (*Koehler.*)

Un des 25 exemplaires, avec une double suite de figures peintes en or et en couleur.

251. Le Rommant de la Rose (par Guillaume de
Lorris et Jehan de Meung).

> Cy cõmance le rõmant de la rose,
> Ou tout lart damours est enclose.

S. l. n. d., pet. in-fol. goth. à 2 col. fig. sur bois,
mar. brun, ornements à froid, tr. dor. (*Bedford.*)

Première et précieuse édition de ce poème, imprimé à Lyon par Guillaume Le Roy, vers 1485. Le titre, qui manque presque toujours, est à notre exemplaire, qui est grand de marges et bien conservé. Il provient de la biblioth. de R. Heber. Il était alors relié en veau fauve.

252. Le Rommant de la Rose, nouvellement reveu
et corrige, oultre les precedentes impressions (par
Cl. Marot). On le vend a Paris par Galliot du Pre
libraire ayant sa boutique au premier pilier de
la grant salle du Palais, 1529. (A la fin :) *Imprime
a Paris par maistre Pierre Vidoue... Au moys de
mars mil cinq centz XXIX,* pet. in-8, lettres rondes,
fig. sur bois, réglé, mar. r. riches compart. tr.
dor. (*Bauzonnet.*)

Très-bel exemplaire grand de marges (témoins) des ventes Cailhava, Giraud et Solar. Riche reliure de Bauzonnet.

253. Le Roman de la Rose, par Guillaume de Lorris
et Jehan de Meung, nouvelle édition, revue et
corrigée sur les meilleurs et les plus anciens manuscrits, par M. Méon. *Paris, de l'imprimerie de
P. Didot l'aîné,* 1814, 4 vol. in-8, papier vélin
fort, figures, mar. rouge, dos orné, fil. dent. int.
tr. dor. (*Capé.*)

254. Le Testament maistre Jehan de Mehun. Les
Sept Articles de la Foi. Pet. in-fol. mar. br. orne-
ments à froid, doublé de vélin blanc, tr. dor.
(*Trautz-Bauzonnet.*)

Très-joli manuscrit du commencement du seizième siècle, sur vélin, orné de deux grandes lettres en or et en couleur, et d'un nombre infini de petites. Belle écriture, avec de nombreux traits calligraphiques.

Le Testament de Jean de Meung se compose de 44 feuillets, et *les Sept Articles de la Foy,* de 34.

Ce dernier ouvrage est attribué à Jean Chapuis; mais, comme dans les mss. il est ordinairement joint aux poésies de Jean de Meung, on l'a donné aussi à ce dernier. Cependant les derniers vers du poëme, où il se trouve un jeu de mots sur *Puis* et *Chapuis*, semblent donner raison à l'attribution à J. Chapuis.

Ce ms. a appartenu au célèbre lord Fairfax, général du Parlement d'Angleterre contre Charles Ier. Il avait en plusieurs endroits écrit son nom, qui a été malheureusement effacé lors de la nouvelle reliure.

255. Les Faiz maistre Alain Chartier, notaire et secretaire du roy Charles VI°. (A la fin :) *Le present livre ou quel est traittie des faits maistre Alain Chartier a este imprime en la ville de Paris par honnourable homme maistre Pierre Le Caron, expert en lart de impression, demourant en la grant rue du Temple,* le v° jour de septembre lan mil iiij c. iiij. xx et noeuf (1489), in-fol. goth. à 2 col., fig. sur bois, mar. brun, riches ornements, tr. dor. (*Bedford.*)

Première édition des poésies d'Alain Chartier.

Exemplaire grand de marges et très-bien conservé, sauf quelques piqûres de vers insignifiantes qui ont été raccommodées.

256. OEuvres de feu maistre Alain Chartier, nouvellement imprimées, reveues et corrigiées. *On les vend à Paris, en la boutique de Galliot du Pré.* (A la fin :) *Imprimées par P. Vidoue,* 1529, petit in-8, lettres rondes, mar. r. dos orné, fil. tr. dor. (*Thouvenin.*)

Bel exemplaire bien conservé et grand de marges. De la bibliothèque de M. B. Delessert (vente de Londres, 1848).

257. LE CHAMPION DES DAMES (par Martin Franc). *S. l. n. d.,* in-fol. goth. à 2 col., fig. sur bois, mar. vert, encadr. de fil. tr. dor. (*Bauzonnet.*)

Première et fort rare édition, qu'on suppose avoir été imprimée à Lyon par Guillaume Le Roy, vers 1485. Bel exemplaire grand de marges et bien conservé, acquis à une des ventes Libri (Londres, 1849).

C'est, comme on sait, une défense des femmes contre *le Roman de la Rose.*

Parmi les dames qui ont figuré dans l'histoire et qui sont célébrées par l'auteur, Martin Franc, protonotaire apostolique et secrétaire de l'antipape Félix V, n'a pas craint de mentionner la papesse Jeanne. Il ne parait même pas mettre en doute son existence. Il termine ce qu'il en dit par ces cinq vers :

> Si fut tantost fait ung edict
> Que jamais pape ne se fist
> Tant eust-il de science au nas,
> S'il ne monstroit le doy petit
> Enharnechie de son harnas.

258. Le Champion des Dames, livre plaisant, copieux
et habondant en sentences, contenant la Deffence
des Dames contre Malebouche et ses consors, et
victoire d'icelle. Composé par Martin Franc, secrétaire du pape Félix V. *On les vend à Paris,
en la boutique de Galiot du Pré (impr. par P. Vidoue)*, 1530, pet. in-8, lettres rondes, fig. sur
bois, mar. r. fil. tr. dor.

Exemplaire de Viollet-le-Duc.

259. Collection des poëtes françois publiés par A.-
U. Coustelier. *Paris*, 1722-24, 10 vol. in-12, mar.
bl. dos ornés, fil. tr. dor. (*Chambolle-Duru.*)

Contenant : OEuvres de Villon (avec les remarques d'E. de Laurière). —
La Farce de Pathelin, avec son Testament, 1723. — Poésies de Martial
d'Auvergne, 2 vol. — Légende de P. Faifeu, par Ch. Bourdigné (avec les
Poésies de Molinet). — Poésies de G. Cretin. — Poésies de G. Coquillart. —
OEuvres de J. Marot (avec celles de Michel Marot). — OEuvres de Racan
(Honorat de Bueil, seigneur de), 2 vol.

260. Poésies des xve et xvie siècles, publiées d'après
des éditions gothiques et des manuscrits. *Paris,
Silvestre*, 1832, 15 pièces en 1 vol. gr. in-8, papier
de Hollande, mar. br. fil. n. rogn. (*Rel. angl.*)

Recueil tiré à 100 exemplaires.

261. Les OEuvres maistre François Villon. Le Monologue du franc archier de Baignollet; le Dya-
logue des seigneurs de Mallepaye et Baillevent.
M. D. XXXIII. *On les vent a Paris en la rue Neufue
Nostre Dame a lenseigne Sainct Nicolas*, in-16,
mar. citr. dent. tr. dor. (*Trautz-Bauzonnet.*)

M. Brunet ne mentionne pas cette édition, mais il en indique une *à l'enseigne de lescu de France* dont la description est la même que celle-ci, qui
porte *à l'enseigne Sainct-Nicolas*. C'est probablement la même.

262. Les OEuvres de François Villon... *On les vend
a Paris... en la boutique de Jehan Andry, s. d.*,
pet. in-8, lettres rondes, mar. r. compart. dos
orné, tr. dor. (*Bauzonnet-Purgold.*)

Édition différente de la précédente, quoique ayant comme elle 55 feuillets
et des signatures de AA a à G gg iij.
Très-joli exemplaire d'Aimé-Martin.

263. Les OEuvres de Françoys Villon de Paris, reveues et mises en leur entier par Clément Marot. *On les vend a Paris au cloz Bruneau... par Guillaume le Bret,* 1542, tr.-pet. in-8, lettres rondes, mar. r. dos orné, fil. tr. dor. (*Hardy-Mennil.*)

Édition restée inconnue à M. Brunet; elle contient 55 feuillets, avec des signatnres de AA a à GG g iij, ce qui semblerait indiquer qu'elle a paru à la suite d'un autre livre.

M. Brunet fait mention de deux éditions de Villon ayant 55 feuillets, l'une chez Guill. Girault, 1542, et l'autre chez Nic. Gilles, sans date. Cette dernière a, comme la nôtre, la signature d'un troisième alphabet. C'est peut-être la même que M. Brunet dit avoir vue à la suite d'un Marot imprimé à Paris en 1544.

264. La Dance aux aveugles (par P. Michault) et autres poésies du xvᵉ siècle (publ. par Lambert-Douxfils). *Lille, André Panckoucke),* 1748, pet. in-8, mar. r. fil. tr. dor. (*Duru.*)

Exemplaire relié sur brochure. De la bibliothèque de M. de la Bédoyère.

265. Le Temple Jehan Boccace, de la ruine daulcuns nobles malheureux, fait par George (Chastelain), son imitateur. (A la fin :) *Cy finist le livre du Temple Jean Boccace par Georges Castellain.* Linstruction du jeune Prince. Le Chappellet des princes en cinquante rondeaux et ballades, faict et compose par le Traverseur des voyes perilleuses (Jehan Bouchet). Epistre de la royne Marie à son frere Henry roy Dangleterre faicte et composee par le Traverseur des voyes perilleuses. *Imprime a Paris par Galliot du Pre sus le pont Nostre Dame a lenseigne de la Gallee... Mil cinq cens xvij,* in-fol. goth. à longues lignes, figure sur bois, mar. rouge, fil. tr. dor. (*Derome.*)

Recueil de toute rareté. *Le Temple de Boccace* est en prose ainsi que *l'Instruction du jeune prince.* Les deux autres ouvrages sont en vers.

Le Temple de Boccace offre le récit d'un songe de Georges Chastelain dans lequel il voit *aulcuns nobles malheureux* racontant les infortunes qui les rendent dignes d'entrer dans ce temple, c'est-à-dire d'être inscrits au nombre de ceux que Boccace a célébrés dans son livre. Boccace, couché dans sa tombe, placée au milieu du temple, ressuscite exprès pour écouter le récit que lui fait de ses malheurs la reine Marguerite d'Anjou, femme du roi d'Angleterre Henri VI, qui demande aussi à être admise dans le temple.

L'Epistre de la royne Marie, reine douairière de France, est adressée à son frère Henri VIII, *touchant le trespas du tres-chrestien roy de France,*

Loys XIIe, son espoux, et contient *la louange du royaulme de France et les gestes dudict roy Loys.*

Superbe exemplaire de **Gaignat**, de J. Towneley et de Laings.

266. Le Grant Blason de faulses amours (par frere Guillaume Alexis religieux de Lire et prieur de Bussy). (A la fin :) *Cy finist le Blason de faulces amours imprime a Lyon par Pierre Mareschal et Barnabe Chaussard lan mil.cccc.xcvii*, pet. in-4, goth. mar. vert, fil. tr. dor. (*Rel. angl.*)

Édition des plus rares. C'est l'exemplaire de Lang, revendu chez R. Heber (11 L. 11 d.); il y manque le cahier C. M. Brunet n'en indique aucun autre exemplaire.

267. Le Grant Blason des faulses amours. Compose par frere Guillaume Alexis, religieux de Lyre et prieur de Bussi. *On les vend a Lyon sur le Rosne en la maison de Claude Nourry dict le Prince* (marque de Cl. Nourry). (A la fin :) *Imprime a Lyon par Claude Nourry dit le Prince lan mil.cccc.xxix, le xi jour du moys de may*, pet. in-8, goth., mar. bleu, compart. tr. dor. (*Kœhler.*)

De la bibliothèque de R. Heber et en dernier lieu de celle du prince d'Essling.

268. Les OEuvres de maistre Guillaume Coquillart, en son vivant official de Reims, nouvellement reveues et imprimées à Paris, 1532. *On les vend à Paris pour Galiot du Pré, en la grant salle du Palays*, pet. in-8, lettres rondes, mar. bleu, fil. tr. dor. (*Laferté.*)

Édition très-rare et très-recherchée.

Exemplaire très-grand de marges, un des deux ou trois plus grands connus. Hauteur : 130 mill.

Exemplaire du duc de **la Vallière** et de Renouard (*Biblioth. d'un amateur*). Renouard a écrit sur le titre son nom et la date de 1788.

269. Le Sejour dhonneur compose par reverend pere en Dieu messire Octovien de Sainct Gelais evesque Dangoulesme. *Ils se vendent a Paris devant la rue Neufve Nostre Dame a limage Sainct Jean levangeliste.* (A la fin :) *Cy finist le Sejour dhonneur nouvellement imprime a Paris pour An-*

thoine Verard... Et fut acheve le xxvᵉ jour daoust mil.ccccc et xix, in-4 goth. mar. bl. compart. dos orné, tr. dor. (*Kœhler.*)

L'auteur, dans un prologue adressé à Charles VIII, supplie ce prince «'qu'il lui plaise recueillir ce présent livre à lui dédié et baptisé ainsi *le Séjour d'honneur* pour héberger son haut nom le seul digne entre tous. »

C'est un ouvrage en vers souvent mêlé de prose. « Le but principal de l'auteur est de faire un portrait naturel de l'homme, surtout dans sa jeunesse, de montrer les pièges qui lui sont tendus, l'esprit de séduction qui s'empare de lui, etc. » (*Goujet.*)

La forme du poème adoptée par Octavien de Saint-Gelais est celle du *Roman de la Rose,* c'est-à-dire un songe où figurent des personnages allégoriques tels que *Sensualité, Grâce divine, Raison,* etc. On y voit *la Mer mondaine, l'Ile de vaine espérance, la Forêt d'aventures,* etc. L'auteur trouve moyen d'y parler des principaux personnages de son temps et d'y rappeler quelques événements récents, comme la bataille de Saint-Aubin.

270. Les Contenances de la table. *Cy finissent les Contenances de la table. S. l. n. d.* Pet. in-4 goth. 6 ff. mar. n. tr. dor. (*Rel. angl.*)

Pièce rare, imprimée vers la fin du quinzième siècle. La première lettre est historiée comme dans les livres d'Ant. Verard. Par la forme des caractères, elle paraît avoir été imprimée à Lyon.

Ce petit ouvrage, composé de 37 quatrains suivis d'une ballade, et fait pour les enfants, doit être le premier essai de civilité en français.

Exemplaire de Bright.

271. Les Faictz et dictz de feu de bonne mémoire Maistre Jehan Molinet, contenans plusieurs beaulx traictez, oraisons et champs royaulx, M.D.XL. *On les vend à Paris en la rue Sainct Jacques a lenseigne de Lelephant (chez Fr. Regnault),* in-8, mar. r. tr. dor. (*Trautz-Bauzonnet.*)

Bel exemplaire.

272. Poésies françoises de J.-G. Alione (d'Asti), composées de 1494 à 1520, publiées pour la première fois en France avec une notice biographique et bibliographique par J.-C. Brunet. *Paris, Silvestre,* 1836, in-8, mar. bleu, ornements sur le milieu des plats, dent. int. tr. dor. n. rog. (*Trautz-Bauzonnet.*)

Un des dix exemplaires sur papier de Hollande. (Voir le nᵒ 244 où se trouve l'édition originale de ces poésies, avec les autres ouvrages de l'auteur.)

273. CHANTZ ROYAULX, ORAISONS et aultres petits traictez, faictz et composez par feu de bonne memoire maistre Guillaume Cretin : En son vivuant chantre de la Saincte Chapelle royalle a Paris. *On les vend a Paris en la rue Neufve Nostre Dame a lenseigne Sainct Nicolas.* (A la fin :) *Imprime a Paris, pour Jean Sainct Denys, s. d.,* in-8, caract. goth., réglé, mar. rouge, fil. tr. dor. (*Anc. rel.*)

Volume fort rare. Joli exemplaire.

274. Les Faintises du monde (par Pierre Gringore). *S. l. n. d.,* in-8 de 20 ff. mar. r. tr. dor. (*Thomson.*)

Cette édition est restée inconnue à M. Brunet. Il ne s'y trouve aucune indication de lieu ni de date, mais elle porte sur le titre la marque de Pierre Regnault, imprimeur et libraire à Rouen et à Caen, de 1489 à 1520.

Cet exemplaire a figuré à la vente Viollet-le-Duc, où il a passé inaperçu parce que le catalogue ne faisait point mention de la marque de P. Regnault. Il est grand de marges et bien conservé, sauf les deux derniers feuillets qui ont été raccommodés.

275. TRAICTES SINGULIERS contenus au present opuscule : les Trois comptes intitulez de Cupido et de Atropos, dont le premier fut invente par Seraphin, poete italien. — Le Second et le tiers de linvention de maistre Jehan le Maire, et a este ceste œuvre fondee, affin de retirer les gens de folles amours. — Les Epitaphes de Hector et Achilles, avec le jugement de Alexandre le Grand, composees par George Chastelain. — Le Temple de Mars, faict et compose par J. Molinet. — Plusieurs chantz royaulx, balades, rondeaux et epistres composees par feu de bonne memoire maistre Guillaume Cretin. — Lapparition du feu mareschal de Chabannes, faicte et composee par le dict Cretin. *Il se vend a Paris en la grant salle du palais, en la boutique de Galiot du Pre.* (A la fin :) *Fin du present opuscule... nouuellement imprime a Paris par Antoine Couteau pour Galiot du Pre en fevrier mil cinq cens XXV.* In-8, goth. mar. rouge, riches comp. tr. dor. (*Hardy-Mennil.*)

Un des volumes les plus rares de l'ancienne poésie française. Le sujet des

Comptes d'Atropos, de Jean le Maire, est le même que celui du *Triomphe de
très-haute et très-puissante dame V...,* poëme qui lui a été attribué.
Le titre a un léger raccommodage à la marge d'en bas et à celle d'en haut.
De la biblioth. de M. Bright; il était alors relié par Simier.

276. IAN MAROT DE CAEN sur les deux heureux
voyages de Genes et de Venise, victorieusement
mys a fin, par le tres chrestien Roy Loys dou-
ziesme de ce nom, père du peuple et veritable-
ment escriptz par iceluy Ian Marot alors poete et
escrivain de la très magnanime Royne Anne, Duchesse de Bretaigne. (A la fin :) *Ce present liure
fut acheue d'imprimer le* xxii *jour de janvier
M.D.XXXII, pour Pierre Roufet dict le Faulcheur,
par Maistre Geufroy Tory de Bourges, imprimeur
du Roy,* in-8, car. ronds, 101 feuillets, mar. bleu,
dent. int. tr. dor. (*Duru.*)

Première édition de ces poésies, publ. par Cl. Marot. Exemplaire de la
vente Libri. Londres, 1862.

277. LE RECUEIL JEHAN MAROT de Caen, poete et
escrivain de la magnanime Royne Anne de Bretaigne. *On les vend a Paris par Anthoine Bonne-
mère, à l'hostel Dalebret,* 1538, pet. in-8, mar. r.
fil. tr. dor. (*Kœhler.*)

Exemplaire de CHARLES NODIER.
Ce recueil porte les signatures AA—FF iij, parce qu'il a été imprimé
pour faire suite au Clément Marot du même éditeur; mais il en est ordinairement séparé.

278. Les Triumphes de la noble et amoureuse Dame
et lart de honnestement aymer, composé par le
Traverseur des voyes perilleuses (J. Bouchet).
Nouuellement imprimé a Paris, 1545. *On les vend
a Paris au cloz Bruneau a l'enseigne de la Corne
de Cerf, par Guillaume le Bret,* in-8, réglé, mar.
vert, tr. dor. (*Reliure anglaise.*)

Bel exemplaire grand de marges et bien conservé, avec son ancienne
tranche gaufrée.
Sur le titre se trouvent les deux noms suivants d'une jolie écriture du
seizième siècle : *Jehan de Poligny — Anne de Gontier.*

279. La Vie de Madame Saincte Marguerite vierge
et martyre, avec son antienne et oraison. *S. l. n.*

d. (vers 1530), plaq. in-8 de 12 feuillets, caract. goth. mar. olive, fil. tr. dor. (*Bauzonnet.*)

Exemplaire de Cʜ. Noᴅɪᴇʀ.

280. Blasons, poésies anciennes des quinzième et seizième siècles, extraites de différents auteurs imprimés et manuscrits, par M. D. M. M. (Méon), nouvelle édition augmentée d'un glossaire des mots hors d'usage. *Paris, Guillemot et Nicole,* 1809, in-8, demi-rel. màr. r. non rogné. (*Thouvenin.*)

Avec les cartons. L'un des 2 exemplaires en papier de Hollande. De la biblioth. de M. de la Bédoyère. Il a appartenu à Pɪxᴇʀᴇ́ᴄᴏᴜʀᴛ et auparavant à Méon, qui y a joint une pièce de vers *autographe* à lui adressée par le poëte Guichard, au sujet du recueil des *Blasons.*

281. Recueil de pièces facétieuses du xvıᵉ siècle, en vers, publ. par Techener et imprimées à Paris, par Pinard, en caract. goth. de 1830 à 1836, 6 pièces en 1 vol. in-8, demi-rel. mar. n. r. doré en tête. (*Capé.*)

Le plaisant discours et advertissement aux nouvelles mariées. — Sermon joyeulx dung fiancé qui emprunte ung pain sur la fournée à venir. — Monologue nouveau et fort joyeux de la chambrière. — Histoire pitoyable dung marchand. — Le banquet des chambrières. — Les folastries de la bonne chambrière. — La vraye medecine de maistre Grimache qui guerit de tous maulx et plusieurs aultres. — Sensuit le sermon des frappe-culz nouveaux et fort joyeulx. — Les estrennes des filles de Paris.
Toutes ces pièces n'ont été tirées qu'à 60 exemplaires.
Celui-ci est un des 10 en grand papier.

B. Depuis Cl. Marot jusqu'à Malherbe.

282. Lᴇs OEᴜvʀᴇs ᴅᴇ Cʟᴇᴍᴇɴᴛ Mᴀʀᴏᴛ, de Cahors, valet de chambre du Roy. *Lyon, par Jean de Tournes,* 1546, in-16, mar. r. dos orné, fil. tr. dor. (*Du Seuil.*)

Édition en lettres rondes. Sous la même date, M. Brunet n'en indique qu'une, du même imprimeur, en lettres italiques. Celle-ci contient un *Avis au lecteur* daté du 16 octobre 1546.
Joli exemplaire de la bibliothèque de Crozat.

283. Les OEuvres de Cl. Marot, reveues, augmentées, et disposées en meilleur ordre que ci-devant. Plus quelques œuvres de Michel Marot, fils dudit

Marot. *Niort, Th. Portau,* 1596, in-16, mar rouge,
dos orné à mosaïque, fil. tr. dor. (*Lortic.*)

Très-joli exemplaire de cette édition estimée, publiée par le médecin Mi-
zière.

284. Traductions de latin en françoys, imitations et
inventions nouvelles, tant de Cl. Marot que d'autres plus excellens poëtes de ce temps. *Paris, de
l'impr. d'Estienne Groulleau,* 1550, in-8, mar. n.
tr. dor.

La plus petite partie des pièces de ce recueil est de Cl. Marot. Les autres
(dont quelques-unes sont fort libres) sont de plusieurs poëtes désignés seulement par des initiales, et parmi lesquels on a cru reconnaitre les suivants :
Saint-Ronard, Cl. Collet, Lyon Jamet, Gabr. Chapuis, L. Desmasures.

285. LES CONTROVERSSES (sic) des sexes masculin
et femenin (par Gratian du Pont, seigneur de Dru-
sac), avecq priviliege du roy. (*Toulouse, Jacques
Colomiez,* 1534), pet. in-fol. goth. à longues
lignes, fig. sur bois, mar. citron, riches compart.
à mosaïque, fil. tr. dor. dans un étui. (*E. Niedrée.*)

Livre fort rare et très-curieux.
Au verso du dernier feuillet se trouve la marque de J. Colomiez, avec les
vers suivants placés au-dessous :

> Dedans Tholose : imprime entierement
> Est-il ce livre : sachez nouvellement
> Par maistre Jacques : Colomiez surnomme
> Maistre imprimeur : Libraire bien fame
> Lequel se tient : et demeure devant
> Les Saturnines : Nonains devot convent
> Lan mil. ccccc. trente et quatre a bon compte
> Du moys janvier. xxx. sans mescompte.

Magnifique exemplaire, grand de marges, orné d'une élégante et riche
reliure à compartiments composés d'entrelacements à la Grolier, en maroquin de diverses couleurs; chef-d'œuvre de reliure de feu E. Niedrée, qui a
figuré à l'exposition de 1855.

286. Petitz Fatras d'un apprentis, surnommé lespe-
ron de discipline (par Antoine du Saix). *S. l. n. d.
(Paris, Denis Janot,* 1537), in-8, v. vert, fil.

Recueil de petites pièces de vers, épigrammes, sentences, épitaphes de
personnages du temps, pièces relatives à la famille de l'auteur, etc.

287. RECVEIL DES OEVVRES DE FEV BONAVENTVRE DES
PÉRIERS, vallet de chambre de Marguerite de
France, Royne de Navarre (contenant ses poésies

et le Lysis de Platon, trad. du grec; publ. par
Ant. du Moulin). *Lyon, Jean de Tournes,* 1544,
in-8, mar. bleu, dos orné, compart. fil. tr. dor.
(*Bauzonnet.*)

Volume fort rare. Bel exemplaire, grand de marges et bien conservé.

288. Les Marguerites de la Marguerite des prin-
cesses, très illustre Royne de Navarre. *A Paris, par
Jehan Ruelle libraire demourant en la rue Sainct
Jacques a l'enseigne Sainct Nicolas,* 1556, in-16,
mar. vert à comp. fil. dent. int. tr. dor. (*Hardy-
Mennil.*)

289. Le Tombeav de Margverite de Valois, Royne
de Navarre, faict premierement en distiques latins
par les trois sœurs, princesses en Angleterre (Anne,
Marguerite et Jeanne dc Seymour), depuis traduitz
en grec, italien et françois, par plusieurs excel-
lentz poëtes de la France (N. Denizot, du Bellay,
Baïf, P. des Mireurs), avec plusieurs odes, hymnes
sur le même subjet (par Ronsard et autres). *Paris,
Michel Fezandat,* 1551, in-8, portr. de Marguerite, mar. ol., dos orné de marguerites, compart.
tr. dor. (*Lortic.*)

Volume rare. Bel exemplaire, grand de marges.

290. OEuvres complètes de Melin de Saint-Gelais,
avec un commentaire inédit de B. de la Monnoye,
des remarques de MM. Philippes-Beauxlieu et R.
Dezeimeris; édition revue, annotée et publiée par
Prosper Blanchemain. *Paris, P. Daffis,* 1873,
3 tomes en 1 vol. gr. in-16, portr. photogr., mar.
bleu, jans. dent. int. tr. dor. (*Thibaron-Joly.*)

Exemplaire sur papier de Chine.

291. OEuvres de Louise Labé (publ. par F.-Z. Col-
lombet). *Lyon, Ch. Savy (impr. de L. Boitel),*
1845, in-12, pap. vélin, mar. r. dos orné, fil. tr.
dor. (*Trautz-Bauzonnet.*)

292. Le Discours du Voyage de Constantinople, envoyé du dict lieu à une Damoyselle de France,

par le Seigneur de Borderie. La Fable de faulx
cuyder envoyé à Madame Marguerite fille du Roy.
Déploration de Venus sur la mort du bel Adonis
(par Ant. du Moulin) avec autres compositions.
A Paris, par Arnoul les Angeliers, 1546, pet. in-8,
mar. r. dos et milieu ornés, tr. dor. (*Trautz-Bauzonnet.*)

Recueil rare. Exemplaire grand de marges.

293. La Morosophie de Guillaume de la Perrière
Tolosain, contenant cent emblèmes moraux illus-
trez de cent tetrastiques latins, reduitz en autant
de quatrains françoys. *Lyon, par Macé Bon-
homme,* 1553, in-8, encadrements sur bois à
chaque page et 100 fig., mar. r. dos orné, fil. tr.
dor. (*Laferté.*)

Bel exemplaire du duc DE LA VALLIÈRE et en dernier lieu d'A. VEINANT.
On voit par le privilége que ce livre a été exécuté pour le compte de J.
Monnier et J. Perrin, libraires de Toulouse. Comme plusieurs des encadrements qui entourent les pages sont signés J. P. et J. M., on a pensé que ce
sont les marques des éditeurs. Cependant on peut supposer que c'étaient
celles des graveurs et dessinateurs J. Moni et Jacques Péresin, de Lyon.

294. L'Amie des amies, imitation d'Arioste (et autres
poésies) par Berenger de la Tour d'Albenaz en
Vivarez. *Lyon, de l'imprimerie de Robert Granjon,*
1558. — L'Amie rustique et autres vers divers, par
le même. *Lyon, de l'impr. de R. Granjon,* 1558,
2 part. en 1 vol. pet. in-8, mar. citr. dos et plats
ornés, tr. dor. (*Trautz-Bauzonnet.*)

Volume rare, imprimé en caractères de civilité. Très-bel exemplaire.

295. RECUEIL DE PIÈCES de vers de divers auteurs.
Paris, 1559-1584, 10 pièces en 1 vol. in-4, mar.
r. fil. à froid, tr. dor. (*Duru.*)

Remontrance au peuple françoys, de son devoir en ce temps envers la
majesté du Roy, à laquelle sont adjoustez troys eloges de la paix, de la tresve
et de la guerre (par G. des Autels). *Paris, André Wechel,* 1559. — Hymne
à la louange de Monseigneur le duc (François) de Guyse, par J. de Amelin.
Paris, Fédéric Morel, 1558. — Hymne sur la naissance de François de Lorraine, filz de Monseigneur le duc de Guyse, par Scevole de Sainte-Marthe.
Paris, Féd. Morel, 1560. — Poëme sur l'histoire des François et hommes
vertueux de la maison de Medici (par J. Grevin). *Paris, Rob. Estienne,* 1567.
— Les Plaisirs de la vie rustique, extraicts d'un plus long poëme composé
par le sieur de Pyb. (Pybrac). *Paris, Féd. Morel,* 1578. — Sylva, cui titu-

lus Veritas fugiens, ex R. Bellaquei gallicis versibus latina facta, a Fl. Christiano Aurelio. *Lutetiæ, ex offic. Rob. Stephani,* 1561. — Tumbeau de trèshaulte princesse Madame Elisabeth de France, royne d'Espagne, en plusieurs langues. *Paris, Rob. Estienne,* 1569. — Le Tumbeau de messire Gilles Bourdin (procureur général au parlement)... en plusieurs langues. *Paris, Rob. Estienne,* 1570. — Remigii Bellaquei poetæ Tumulus. *Lutetiæ, apud Mamertum Patissonium,* 1577. — Larmes et regretz sur la maladie et trespas de Monseigneur François de France (duc d'Anjou), filz et frère de Roys; plus quelques lettres funèbres, par J. de la Jessée. *Paris, Féd. Morel,* 1584.

Pièces des plus rares et ayant presque toutes un intérêt historique, notamment celles de Guillaume des Autels, de Grévin et de J. de la Jessée.

De la bibliothèque de M. le baron J. P***, acquis à la vente Potier, 1870.

296. LES AMOVRS DE P. DE RONSARD, VANDOMOIS, nouvellement augmentées par lui, et commentées par Marc-Antoine de Muret. Plus quelques odes de l'auteur, non encore imprimées. *Paris, chez la veuve Maurice de la Porte,* 1553, in-8, 3 portr. mar. r. couronne de fleurs sur les plats. (*Trautz-Bauzonnet.*)

Très-bel exemplaire d'un volume rare. C'est dans cette édition des *Amours* que se trouvent pour la première fois le sonnet et l'ode que Melin de Saint-Gelais et Ronsard s'adressèrent réciproquement après leur réconciliation.

A la fin du volume a été ajoutée une partie de 32 feuillets contenant les airs notés des sonnets compris dans ce recueil, lesquels sont de P. Certon, Muret, Goudimel, Jannequin, etc. Cette partie, à la fin de laquelle se trouve cette souscription : *achevé d'imprimer le 30ᵉ jour de septembre* 1552, avait été faite pour être jointe à la première édition des *Amours,* 1552.

297. Les Elégies, Eclogues et Mascarades de P. de Ronsard. *Paris, Gabr. Buon,* 1578, in-16, mar. vert, riche compart. tr. dor. (*Rel. du XVIᵉ siècle.*)

Ce volume forme le tome V de Ronsard. Le chiffre du tome a été gratté sur le titre. La reliure n'a pas de tomaison.

298. LES OEVVRES FRANÇOISES DE JOACHIM DV BELLAY, gentilhomme angevin, reveues de nouveau et augmentées. *A Paris, de l'imprimerie de Federic Morel,* 1569, in-8, mar. r. dos orné, fil. tr. dor. (*Duru.*)

Première édition collective des poésies de Joachim du Bellay. Elle se compose de neuf parties, toutes ayant une pagination à part, et des titres particuliers avec la date de 1568.

Exemplaire grand de marges et bien conservé.

299. Epithalame sur le mariage de très illustre prince Philibert Emanuel, duc de Savoie et très illustre princesse Marguerite de France, sœur

unique du Roy et duchesse de Berry, par Joach.
du Bellay, Angevin. *A Paris, de l'imprimerie de
Fr. Morel*, 1559, in-4, 14 ff. cart.

300. Epithalame ou Nosses (sic) de très illustre et
magnanime prince Emmanuel Philibert, duc de
Savoye, et de très vertueuse princesse Marguerite
de France, duchesse de Berry, par Marc Claude de
Buttet, Savoisien. *Paris, de l'imprimerie de Rob.
Estienne*, 1559, in-4 réglé, non-relié, 14 ff.

Exemplaire grand de marges. Quelques taches d'humidité dans la marge
inférieure.

301. La Sphère des deux mondes, composée en francois, par Darinel, pasteur des Amadis, avec un
Epithalame que le mesme autheur ha faict sur les
nopces et mariages de tresillustre Prince Don
Philippe, Roy d'Angleterre (depuis Philippe II,
roi d'Espagne, avec Marie Tudor), etc., com-
menté, glosé et enrichy de plusieurs fables poétiques, par G. B. D. B. Ec. de C. N. L. Oubli. *En
Anvers, chez J. Richart*, 1555, pet. in-4, cartes
géogr., mar. rouge, jans. dent. int. tr. dor.
(*Trautz-Bauzonnet.*)

Ouvrage mêlé de prose et de vers. L'auteur, sous le nom de Darinel,
est Gilles Boileau, né à Bouillon près Mézières.

Ce livre est intéressant surtout à cause des cartes géographiques qui s'y
trouvent et parmi lesquelles on remarque une carte d'Amérique, avec le dé-
troit de Magellan, un plan de la ville d'Alger telle qu'elle était au XVIe siècle
et deux cartes de la Moscovie dont une pliée ne fait pas partie de la pagination.

302. LES ODES D'OLIVIER DE MAGNY, de Cahors en
Quercy. *Paris, André Wechel*, 1559, in-8, mar.
bl. dos orné, fil. tr. dor. (*Traut-Bauzonnet.*)

Bel exemplaire, grand de marges et bien conservé, d'un des poëtes les plus
recherchés du XVIe siècle. Très-rare.

303. Noelz, par le comte d'Alsinoys (Nic. Denisot).
Autres Noëls sur les chants de plusieurs belles
chansons. *Au Mans, chez A. Lanier*, 1847, pet.
in-8, mar. r. dos et plats ornés, tr. dor. (*Trautz-
Bauzonnet.*)

Tiré à 50 exemplaires.

304. Les Premières Œvvres de Philippe Des Portes. Dernière édition, reveue et augmentée. *Paris, par Mamert Patisson,* M.D.C, in-8, réglé, mar. ol. riches compart. tr. dor. (*Rel. du temps, dans un étui en mar.*)

Exemplaire de **Philippe des Portes**, qui a appartenu ensuite à Ballesdens dont la *signature* est sur le titre. Il a, en dernier lieu, figuré aux ventes Cailhava, Aimé-Martin et B. Delessert (Vente faite à Londres en juillet 1848).

Magnifique reliure à volutes et rinceaux de feuillages et toute parsemée du double Φ grec.

Avec cette note autographe de M. Aimé-Martin ajoutée au volume : « Exemplaire de l'auteur. C'est au moins ce qu'on peut conclure du monogramme multiplié sur la reliure, monogramme qui est celui de Philippe Des Portes. Voyez page 264, un dialogue entre Des Portes et sa maîtresse où Des Porte se désigne lui-même par un Φ, Philippe. »

305. Cinquante Quatrins, contenant preceptes et enseignemens utiles pour la vie de l'homme, composez à l'imitation de Phocylides, d'Epicharme et autres anc. poe. G., par le S. de Pybrac. — — Continuation des Quatrains du S. de Pybrac (avec la traduction latine en regard). Pet. in-8, v. orné, fil. tr.

Joli manuscrit sur vélin du xvie siècle, avec initiales et quelques ornements en or.

306. Pibraci Tetrastica Gallica latine disticata. Les Quatrains françois du Sieur de Pibrac, traduits en autant de distiques latins, par Nicolas Harbet. *Paris,* 1666, in-4, portr. gr. par Larmessin, mar. rouge, tr. dor.

Exemplaire placé dans une reliure aux armes de Madame Adélaïde de France, fille de Louis XV.

307. OEuvres du chanoine Loys Papon, poète forésien du xvie siècle, imprimées pour la première fois sur les manuscrits originaux, par les soins et aux frais de M' N. Yemeniz, précédées d'une Notice par Guy de la Grye (R. Chantelauze). *Lyon, impr. Louis Perrin,* 1857. — Supplément aux OEuvres du chanoine Loys Papon. *Lyon, L. Perrin,* 1860 ; — 2 tom. en 1 vol in-8, vign. mar. brun, jans. dent. int. tr. dor. (*Trautz-Bauzonnet.*)

Belle édition, tirée à petit nombre et non mise dans le commerce.

308. Les Euvres poétiques de Jacques de Courtin
de Cissé, gentilhomme percheron. *Paris, par
Gilles Beys,* 1581, in-12. v. f. fil. tr. dor. (*Bauzonnet.*)

A la suite se tronvent : Les Hymnes de Synèse, trad. du grec par J. de
Courtin de Cissé. *Paris, G. Beys,* 1581.
Exemplaire du baron Taylor (Veute 1848).

309. (J. VAN DER NOOT.) Cort begryp der XII Boc-
ken Olympiados. Abrégé des douze livres Olympiades, composez par le Sr Jehan Van der Noot,
patrice d'Anvers. *En Anvers, de l'imprimerie de
Giles Vanden Rade,* l'an M.CCCCC.LXXX. —
Verscheyden Werken. Divers (*sic*) OEuvres poétiques du Sr J. Van der Noot. *En Anvers, de
l'impr. de G. Vanden Rade,* l'an M.CCCCLXXI.
— Lopsang van Braband. Hymne de Braband,
composé par le Sr J. Van der Noot. *En Anvers, de
l'impr. de G. Van der Rade,* l'an M.CCCCC.LXXX;
— 3 part en 1 vol. pet. in-fol. mar. br. compart.
tr. dor. (*Hagué.*)

Les trois ouvrages sont en vers flamands et vers français à la suite l'un
de l'autre.
Le premier (*les Olympiades*) se compose de 8 feuillets prélim., dont un
avec le portrait de l'auteur sur cuivre, et de 88 pages. Il s'y trouve, eu
outre, 17 belles gravures en taille-douce par Dirck Volkaert Coornart,
imprimées dans le texte. Le second (*Divers œuvres poétiques*) contient 31
feuillets et le portrait de l'auteur gr. sur bois. Le troisième (*Hymne de
Braband*) a 4 ff. prélim. et 36 pages, avec le portrait de Van der Noot et
quelques gravures sur bois dans le texte par Pierre Huyssens.
Les 3 ouvrages sont de la plus grande rareté, surtout réunis comme ils
sont ici.
Par la faute du relieur il y a de fortes transpositions dans cet exemplaire. Le texte des *Olympiades* en 88 pages est placé après l'*Hymne de
Braband*, et les 10 derniers feuillets des *Divers œuvres poétiques* ont été
rejetés à la fin du volume.
Le principal ouvrage des trois (les Olympiades) est un poëme allégorique
dont l'auteur est le héros. Il entreprend un voyage pour retrouver sa fian-
cée Olympie, *la Céleste,* dans le royaume d'Eleusterie, *la Liberté.* Une foule
d'obstacles lui sont suscités en chemin par Cosmica, *la Mondaine,* Hédone,
Volupté de la chair, Plutus, *la Richesse,* etc... Heureusement le poëte a
avec lui Logistica, *la Raison,* Sophronime, *la Prudence,* Sophie, *la Sagesse*...
Avec le secours de ces vertus, il triomphe des tentations et des ruses mises
en œuvre par les vices, et arrive chez son Olympie dans les Champs-Élysées...
Les noces sont célébrées par un banquet magnifique... auquel assistent les
divinités de l'Olympe. (Voir *Jean Van der Noot,* par *H. Helbig.*)
Le recueil de *Divers œuvres poétiques* de Van der Noot se compose, soit
de pièces de vers à sa louange par des poëtes ses amis, soit des réponses qu'il

leur faisait, soit de vers qu'il adressait à des personnages illustres, comme le comte d'Egmont, après la bataille de Gravelines, à Ch. de Crouy, prince de Chimay, à l'archiduc Mathias d'Autriche, etc., pour en obtenir des libéralités.

310. Les Appréhensions spirituelles (en prose), poème, et autres œuvres philosophiques, avec les recherches de la pierre philosophale, par F.-B. de Verville. *Paris, pour Timothée Jouan,* 1584. — Les Soupirs amoureux de F. B. (Beroalde) de Verville. *Paris, Timothée Jouan,* 1583; in-12, mar. rouge, fil. tr. (*Anc. rel.*)

Exemplaire de Méon.

311. La Muse guerrière, dédiée à M. le comte d'Aubijoux, avec l'Hermitage, dédié à Madame d'Aubijoux (par Trellon). *Paris, Abel l'Angelier (impr. de P. Ferdelat), à Lyon,* 1589, in-8, vélin, tr. dor.

312. La Guisiade provençale de M. Jaques D. Meirier... advocat en la cour du parlement de Provence, où sont contenus les gestes de Charles de Lorraine, duc de Guise, depuis son advénement au gouvernement de Provence. *Aix, par Jean Courraud, imprimeur de ladicte ville,* 1596, in-8, mar. r. fil. tr.

Poëme fort rare que M. Brunet n'a connu que par l'ouvrage de M. Bory, *Origine de l'imprimerie à Marseille.*

313. Les OEuvres de Jacques Poille, sieur de Saint-Gratien, divisées en onze livres. *Paris, chez Thomas Blaise,* 1623, in-8, mar. ol. fil. à comp. tr. dor. (*Rel. anc.*)

Très-bel exemplaire dans sa première reliure avec fleurs de lis, portant sur le feuillet de garde ces mots : « L'autheur me l'a donné le 9 février 1623. » Il provient de la bibliothèque Renouard et en dernier lieu de celle de M. Léopold Double.

314. La France et la Flandre réformées, ou Traicté enseignant la vraye methode d'une nouvelle poésie francoise et thioise harmonieuse et délectable, par Jaques Immeloot. escuyer, Sʳ de Steenbiugghe. *A Ypre, chez Jean Bellet,* 1626. — Triple mes-

lange poetique, latine, françoise et thyoise, par
Jaques Ymmeloot, escuyer. *A Ipre, chez Jean
Bellet, s. d.* — Kort Ghedingen tusschen d'Oor-
loghe enne Vrede, onder de Næmen van Bellona
ende Astrea... door J. Ymmeloot. *Tot Ipre, by
J. Bellet, s. d.;* — 3 part. en 1 vol. pet. in-4,
vélin.

Opuscules de la plus grande rareté, remarquables surtout par leur ridi-
cule et leur bizarrerie, dit M. Borluut de Nordonck à qui cet exemplaire a
appartenu.
Acquis à sa vente au prix de 74 fr.

C. Depuis Malherbe jusqu'à nos jours.

a. *Poésies de divers genres.*

315. Poésies de Malherbe, avec un Discours sur
les obligations que la langue et la poésie françoises ont à Malherbe, et quelques remarques historiques et critiques (par Le Fèvre de Saint-Marc).
Paris, de l'impr. de Joseph Barbou, 1757, in-8,
pap. fort, portr. d'après Du Moustier, gravé par
Fessard, mar. r. dos orné, fil. tr. dor.

Bel exemplaire. La reliure est signée De Rome, *rue des Chiens.*

316. Les OEuvres de M. Honorat de Beuil, chevalier, seigneur de Racan. *Paris, Ant.-Urbain Coustelier,* 1724, 2 vol. in-12, réglés, mar. r. dos orné,
fil. tr. *(Boyet.)*

Bel exemplaire. Excellente reliure.

317. Les Amours de Tristan. *Paris, Pierre Billaine
et Augustin Courbé,* 1638, in-4, front. gr. par
Cl. Mellan, mar. rouge, fil. tr. dor. *(Rel. anc.)*

318. Les Épigrammes de Gombauld, divisées en
trois livres. *A Paris, chez Aug. Courbé,* 1657,
in-12, v. gr.

319. Les Epistres en vers et autres œuvres poétiques de M. Bois-Robert Metel, abbé de Chastillon-

sur-Seine. *Paris, Augustin Courbé,* 1659, in-8,
v. éc. (*Armoiries.*)

320. Louanges de la Sainte Vierge, composées en
rimes latines par S. Bonaventure, et mises en
francois par P. Corneille. *A. Rouen, et se vendent
à Paris, chez Gabriel Quinet,* 1665, in-12, fig.,
mar. vert, encadr. de fil. tr. dor. (*Kœhler.*)

Édition originale. Avec la figure qui manque souvent. Exemplaire de
Cailhava.

321. Poésies nouvelles et autres œuvres galantes
du sieur de C... (Cantenac). *Paris, Th. Girard,*
1662, in-12, front. gr., mar. r. fil. dos orné, tr.
dor. (*Lebrun.*)

Entre les pages 102 et 103 se trouve la pièce licencieuse intitulée : *L'occasion perdue et recouvrte, reveue, corrigée et augmentée par l'auteur.*
14 pages. On lit à la fin du volume : *Fin des poésies nouvelles et galantes
du sieur de C.*

Cette pièce a été quelquefois attribuée à P. Corneille ; mais il a été
prouvé dans une des préfaces de l'édition de Corneille publiée par la librairie Hachette (t. VIII, pages II à IX), qu'elle n'était pas de lui.

322. Voyage de Messieurs F. Le Coigneux de Bachaumont et Cl. Emm. Luillier Chapelle. *La Haye,
P. Gosse et J. Neaulme,* 1732, in-12, v. m.

Cette édition est la meilleure des anciennes éditions du Voyage de Chapelle... Le Fèvre de Saint-Marc dit qu'il ne l'a connue que trop tard pour
en faire usage et il recommande de ne pas réimprimer le *Voyage* sans la
consulter ; c'est ce que n'a pas manqué de faire l'éditeur de l'édition de la
Bibliothèque elzévirienne, M. Tenant de La Tour.

323. Œuvres de l'abbé de Chaulieu, édition augmentée d'un grand nombre de pièces... (par Lefèvre de Saint-Marc). *Amsterdam et Paris,* 1750,
2 vol. in-12, front. par Cochin, mar. bl. fil. dor.
(*Derome.*)

324. Œuvres de Chaulieu, d'après les manuscrits
de l'auteur. *La Haye, chez Gosse Junior (Cazin),*
1777, 2 vol. in-24, mar. rouge, fil. tr. (*Anc. rel.*)

325. Poésies de M. le marquis de La Farre. *Amsterdam, J.-Fr. Bernard,* 1755. — Mémoires et
Réflexions sur les principaux événements du règne
de Louis XIV, par M. L. M. D. L. F. (le m^is de La

Farre). *Amsterdam*, 1755 ; in-12, mar. r. dos
orné, fil. tr. dor. (*Rel. anc.*)

Joli exemplaire.

326. OEuvres complettes de Grécourt. *Luxembourg
(Paris)*, 1764, 4 vol. pet. in-12, 3 front. et 4 fleurons d'après Eisen, et 1 front. par Fossier, mar.
r. fil. tr. dor.

Joli exemplaire relié par DEROME.

327. OEuvres choisies de Gresset, édition ornée de
figures en taille-douce, dessinées par Moreau le
jeune. *De l'imprimerie de Didot le jeune, à Paris,
chez Saugrain, an II*e (1794), in-18, mar. bleu,
dos orné avec mosaïque, dent. sur les plats, doublé de tabis rose, avec dent. tr. dor.

Exemplaire en grand papier vélin, avec les figures avant la lettre.

328. Le Trésor du Parnasse , ou Le plus joli des
recueils (publ. par Couret de Villeneuve). *Londres
(Paris)*, 1762, 3 vol. pet. in-12, mar. vert, fil.
tr. dor. (*Aux armes de la duchesse de Gramont-
Choiseul.*)

Le tome 3 porte : *Fin du tome III et dernier.* Ce qui n'a pas empêché
l'éditeur de donner quelques années après (en 1770) trois autres volumes.

329. Élite de poésies fugitives (publ. par Blin de
Sainmore et Luneau de Boisjermain). *Londres
(Paris)*, 1769-1770, 5 vol. in-12, mar. vert, fil.
tr. dor. (*Rel. anc.*)

Aux armes du lieutenant général de police G. de Sartine.

330. OEuvres de Malfilâtre, nouvelle édition. *Paris,
Jehenne*, 1825, gr. in-8, demi-rel., dos et coins
de mar. bl., non rogné, doré en tête.

Exemplaire en grand papier vélin. Portrait avant la lettre.

331. OEuvres du cardinal de Bernis, de l'Académie
françoise. *Paris, chez N. Delangle*, 1825, gr. in-8,
demi-rel. avec coins, mar. bleu, fil. doré en tête,
n. rog.

Un des 10 exemplaires en grand papier de Hollande, avec le portrait en
2 états : eau-forte et sur chine avant la lettre.

332. L'Occasion et le Moment, recueil de poésies fugitives, de M. Mérard de Saint-Just. *Paris*, 1770, in-8, mar. rouge, large dent. sur les plats, tr. dor. (*Anc. rel.*)

Ce livre n'est cité ni par Brunet ni par Quérard, qui mentionnent, sous le même titre et à la date de 1782, un recueil en 2 vol. in-18, tout à fait différent de celui-ci. Le catalogue de la bibliothèque de Mérard de Saint-Just, Paris, 1783, in-18, ne l'indique pas non plus. Il est à croire que ce volume n'a été tiré qu'à petit nombre, et il est même probable qu'il aura été supprimé par l'auteur.

Cet exemplaire est celui de Mérard de Saint-Just. Il y a fait quelques corrections, mis les noms de diverses personnes qui n'étaient indiqués dans le texte que par des initiales et ajouté des mots et des vers qui avaient été omis avec intention à l'impression. Il a aussi fait quelques suppressions dans le texte au moyen de bandes de papier collées sur des vers. Deux feuillets contenant probablement un avertissement ont été enlevés.

La reliure, qui est braucoup plus ancienne que le livre, y a été adaptée assez habilement.

333. OEuvres d'Évariste Parny. *Paris, Debray, de l'imprimerie de P. Didot*, 1808, 5 vol. gr. in-18, mar. bl. fil. dos orné à la rose, dent. intér. tr. dor. (*Trautz-Bauzonnet.*)

Superbe exemplaire en grand papier vélin, relié sur brochure. Le tome V est doublé de maroquin orange, avec de riches et élégants compartiments.

b. *Poèmes, Fables et Contes.*

334. Le Chevalier sans reproche, Jacques de Lalain, par messire Jean d'Ennetières, chevalier, seigneur de Beaumé, Mesnil, etc. *Tournay, de l'impr. d'Adrien Quinquet*, 1633, in-8, front. gr. et 16 fig. mar. vert., riches compart. dos orné, tr. dor. (*Rel. du temps.*)

Exemplaire de R. Heber, du prince d'Essling et de B. Delessert (Londres, 1848).

Ce poëme eu XVI livres est une paraphrase infiniment développée de la chronique de J. de Lalain.

335. La Pucelle d'Orléans, poème héroï-comique en dix-huit chants (par Voltaire). *Londres (Paris, Cazin)*, s. d., in-18, portr. mar. r. fil. dos orné, tr. dor. (*Rel. anc.*)

336. La Pucelle d'Orléans, poème (de Voltaire) divisé en vingt chants, avec des notes. *Conculix*,

s. d., 2 tom. en 1 vol in-18, 20 figures, mar. citr.
tr. dor. (*Anc. rel.*)

337. FABLES CHOISIES, mises en vers par M. de
la Fontaine, et par lui reveuës, corrigées et augmentées. *Paris, Denys Thierry et Cl. Barbin*,
1678, 1679 et 1694, 5 vol. in-12, fig. à mi-page,
réglé, mar. r. tr. doublé de mar. r. dent. tr. dor.
(*Boyet.*)

Seule édition complète publiée par la Fontaine. Les cinq volumes sont de
bonne date, et chacun de la première édition ; ce qui est rare, surtout pour
le tome V. Le tome III et le tome IV ont les deux cartons indiqués par
M. Brunet, pour les fables du *Savetier et du Financier* et du *Singe et du
Léopard*. Un autre carton, dont M. Brunet ne dit rien, se trouve encore dans
le tome IV, page 115 pour *l'Enfouisseur et son compère.*

EXEMPLAIRE PRÉCIEUX pour sa belle conservation et l'excellence de sa
reliure.

338. Fables de la Fontaine, avec un nouveau commentaire littéraire et grammatical, par Ch. Nodier. *Paris, Al. Eymery*, 1818, 2 vol. in-8, pap.
vélin, gravures par Bergeret, cuir de Russie, fil.
tr. dor. (*Thouvenin.*)

Exemplaire de M. de Noailles (Vente à Londres, 1835).

339. Fables de la Fontaine, illustrées par J.-J.
Grandville. *Paris. H. Fournier*, 1838, 2 vol. in-8,
mar. r. dos orné, compart. tr. dor. (*Trautz-Bauzonnet.*)

340. Fables causides de la Fontaine, en bers gas-
couns (en béarnais). *Bayonne, de l'imprimerie de
Paul Fauvet-Duhard*, 1776, in-8, frontispice et
titre gravés de J. Moreau, v. éc. fil. tr. dor. (*Derome.*)

341. Essai de fables nouvelles, suivies de poésies
diverses, et d'une épitre sur les progrès de l'imprimerie, par (P.) Didot fils aîné. *Paris, impr. par
Fr.-Ambr. Didot*, 1786, in-12, mar. r. dos orné,
dent. tr. dor. doublé de tabis dans un étui. (*Derome.*)

Imprimé sur VÉLIN. Exemplaire de MAC-CARTHY.

342. CONTES ET NOUVELLES, en vers, par M. de la Fontaine. *Amsterdam (Paris, impr. de Barbou)*, 1762, 2 vol. in-8, portr. de la Fontaine et d'Eisen, gravés par Ficquet, fig. d'Eisen, et culs-de-lampe de Choffard, mar. rouge, dos ornés, large dent. doublé de tabis bleu, tr. dor. (*Rel. anc.*)

Bel exemplaire de l'édition des fermiers généraux, avec le *Cas de conscience*, et le *Diable de Papefiguière*, voilés. Très-belles épreuves. De la biblioth. de M. de Lacar... (petit catal. de 1859).

343. Contes et Nouvelles, en vers, par Jean de la Fontaine. *Paris, de l'impr. de P. Didot*, 1795, 2 vol. in-18, gr. pap. vélin, mar. vert, fil. tr. dor.

344. Contes et Fables de M. Le Noble. *Paris, Martin et Georges Jouvenel*, 1697, 2 vol. in-12, fig. d'Ertinger, mar. r. dos orné, tr. dor. (*Rel. anc.*)

Exemplaire de Pixerécourt.

345. Contes, en vers, de M. D*** (Daillant de la Touche). *Amsterdam et Paris*, 1783, pet. in-8, v. éc. fil.

c. Poésies satiriques, gaillardes et burlesques.

346. Recueil dit de Maurepas, pièces libres, chansons, épigrammes et autres vers satiriques sur divers personnages des siècles de Louis XIV et Louis XVI, accompagnées de remarques curieuses du temps. *Leyde*, 1865, 6 tomes en 3 vol. in-8, mar. rouge, dos orné, fil. dent. int. tr. dor. (*Lortic.*)

Un des 2 exemplaires sur papier de Chine.

347. Le premier (le second et le troisième) Livre de LA MUSE FOLATRE recherchée des plus beaux esprits de ce temps. *A Jene, de l'imprimerie de Jean Beitmann, anno* 1617, 3 part. en 1 vol. in-24, mar. r. dos orné et compart. tr. dor. (*Bauzonnet.*)

Édition fort rare. Très-joli exemplaire provenant de la bibliothèque de M. Vernon-Utterson,

348. Le Cabinet satyrique, ou Recueil des vers piquants et gaillards de ce temps, tiré des secrets cabinets des sieurs de Sigognes, Regnier, Motin, Berthelot, Maynard, et autres des plus signalés poëtes de ce siècle. *S. l. (Amsterdam., D. Elzevier, à la Sphère)*, 1666, 2 vol. pet. in-12, mar. r. compart. doublé de mar. r. dent. tr. dor. (*Thouvenin.*)

Très-bel exemplaire grand de marges. De la bibliothèque de M. Cigongne, d'où il est sorti par échange. H. 127 mill. 1/2. Charmante reliure, dos à petits fers au pointillé. Une des plus jolies de Thouvenin.

349. Le Cabinet satyrique, ou Recueil de vers piquans et gaillards. *Au Mont-Parnasse, de l'imprimerie de Messer Apollon, l'année satyrique*, 2 vol. in-12, mar. r. dos orné, fil. tr. dor. (*Derome.*)

350. Le Parnasse satyrique du sieur Théophile. *S. l. (Hollande, D. Elzevier)*, 1660, pet. in-12, mar. r. dos orné, fil. tr. dor. (*Bauzonnet.*)

Très-bel exemplaire rempli de témoins. Sa hauteur est de 132 mill. 1/2. C'est-à-dire qu'il ne pourrait être plus grand, à moins d'être non ROGNÉ. C'est l'exemplaire de PIXERÉCOURT, qui était relié par Simier et auquel on a ajouté une jolie reliure de Bauzonnet.

351. Satyres amoureuses et galantes, et l'Ambition de certains courtisans venus et gens de fortune, par le S. B***. *Amsterdam, Adr. Moetjens*, 1721, in-12, mar. bl. fil. tr. dor.

Ces satires sont celles de d'Esternod, publiées pour la première fois à Lyon en 1619, et réimprimées plusieurs fois depuis, notamment en Hollande, en 1680.

352. Espiégleries, joyeusetés, bons-mots, folies, des vérités (ou OEuvres de la marquise de Palmarèze), par Mérard Saint-Just. *Partout et pour tous les temps (Kehl, 1789)*, 3 vol. in-18, pap. vélin d'Allemagne, avec le portrait de l'auteur en médaillon, avant la lettre, demi-rel. dos et coins de mar. bleu, non rogné. (*Bauzonnet.*)

Une note imprimée sur le titre indique que cet ouvrage n'a été tiré qu'à cent exemplaires, dont 60 en papier ordinaire et 40 en papier fin (vélin). Celui-ci provient de la bibliothèque de M. de La Bédoyère (1860).

353. L'Eschole de Salerne, en vers burlesques (par Martin), et duo poemata macaronica, de Bello Huguenotico (auctore R. Belleau). *Suivant la copie imprimée à Paris (Leyde, les Elseviers), 1651, pet. in-12, mar. r. fil. tr. dor. (Thouvenin). (Aux armes de lord Stuart de Rotsay.)*

Une des éditions les plus jolies et les plus rares des Elseviers.
Exemplaire grand de marges. Hauteur : 129 millim.

d. Chansons.

354. Premier livre du Recueil, contenant XXX chansons anciennes, à quatre parties en un volume, les meilleures et les plus excellentes que l'on a peu choisir en plusieurs livres, par cy devant imprimez. *Nouvellement imprimé à Paris, chez Nicolas du Chemin, 1550.* — Second livre du Recueil, contenant XXVII chansons antiques, à quatre parties en un volume... *Paris, chez Nicolas du Chemin, M.D.XLIX.* — Tiers livre du Recueil, contenant XXIX chansons antiques, à quatre parties en un volume... *Paris, 1550, chez Nicolas du Chemin;* — 3 part. en 1 vol. pet. in-4 oblong, musique notée, parch.

Parmi les noms des musiciens, on remarque ceux de Sandrin, Claudin, Morel, Certon, Clemens, Villiers, etc.
Les quatre parties (*Superius, Tenor, Contratenor et Bassus*) sont en regard les unes des autres, au verso et au recto.
M. Fétis ne paraît pas avoir connu ce recueil, car il n'en est fait nulle mention dans sa *Biographie des musiciens,* aux noms cités plus haut.

355. Quart livre, contenant XXVI chansons musicales, à trois parties, à deux dessus et ung concordant, le tout de la composition de Claude Gervaise, savant musicien. *Et imprimées par Pierre Attaignant, imprimeur du Roy en musique, à Paris... 23 octobris 1550, pet. in-4, cart.*

Claude Gervaise était violiste de la chambre de François Ier. M. Fétis, qui mentionne de lui un livre de pièces de viole à cinq parties, d'un mérite remarquable, dit-il, n'a pas connu ses *chansons musicales.*
Les trois parties sont dans le même volume, au verso et au recto.

356. RECUEIL DES PLUS BEAUX AIRS, accompagnés de Chansons à daucer, Ballets, Chansons folâtres et

Bachanales, autrement dites Vaudevires... ausquelles Chansons l'on a mis la musique de leur chant, afin que chacun les puisse chanter et dancer, le tout à une seule voix. *A Caen, chez Jacques Mangeant*, M.DC.XV, 3 part. en 1 vol. pet. in-12, mar. rouge, dos orné, compart., doublé de mar. bleu, dent. tr. dor. (*Trautz-Bauzonnet.*)

Recueil précieux qu'il est rare de trouver avec la troisième partie.

La deuxième partie porte pour titre : *le Recueil des plus belles chansons de ce temps, Caen, Jacques Mangeant, 1615, et la troisième est intitulée : Recueil des plus belles chansons des comédiens françois. En ce comprins les airs de plusieurs ballets qui ont esté faits de nouveau à la cour. Caen, chez Jacques Mangeant, (s. d.)*

Superbe exemplaire grand de marges et bien conservé.

357. IIe (et IVe) livre des chansons de Guill. Michel, audiencier. *Paris, R. Ballard.* 1641-1656. — IIe livre des chansons à danser et à boire de Jean Boyer, de la musique de la chambre du Roy. *Paris, R. Ballard,* 1642. — V^e livre des Chansons du sieur de Chancy. *Paris, R. Ballard,* 1655, en 1 vol. cart.

358. Recueil des chansons à danser et à boire de Denis Macé. *Paris, Robert Ballard,* 1643, pet. in-8, 47 ff. cart.

359. Chansons pour danser et pour boire. *Paris, Robert Ballard,* 1644-1653, 5 part. en 1 vol. cart.

Ce sont les livres XIIIe (1644), XIVe (1645), XVe (1646), XVIe (1652), et XVIIe (1653).

360. L'Eslite des libertez, d'André de Rosiers, sieur de Beaulieu. *Paris, par Robert Ballard,* 1644, pet. in-8, 45 ff. cart.

Ce volume peut s'ajouter au recueil ci-après, car les chansons qu'il contient ne paraissent pas en faire partie.

361. Alphabet de chansons pour danser et pour boire (par André de Rosiers, sieur de Beaulieu). *Paris, par Robert Ballard,* 1646, 56 ff. — IIe livre des Libertez d'André de Rosiers. *Paris, le même,* 1649, 43 ff. — IIIe livre... *Paris,* 1651, 44 ff. — IVe livre... *Paris,* 1652, 44 ff. — V^e livre... *Paris,* 1654, 46 ff. — VIe livre... *Paris,* 1656, 43 ff.

— VIIe livre... *Paris*, 1657, 44 ff. — VIIIe livre...
Paris, 1658, 44 ff. — IXe livre... *Paris*, 1659,
44 ff. — X^e livre... *Paris*, 1660, 46 ff. — XIe livre...
Paris, 1662, 44 ff. — XIIe livre. *Paris*, 1663. —
XIIIe livre... *Paris*, 1665, 44 ff. — XIVe livre...
Paris, 1666, 44 ff. — XVe livre... *Paris*, 1669,
44 ff. — XVIe livre... *Paris*, 1672, 44 ff. — Ensemble 3 vol. pet. in-8, mar. r. fil. doublé de
mar. r. dent. tr. dor. (*Thompson.*)

Recueil de chansons des plus rares, que M. Brunet ne connaissait que
bien imparfaitement, car il parait n'avoir vu que les IIIe et IVe livres, les
seuls dont il parle. Trompé par le rédacteur du catalogue La Vallière-Nyon
(n° 15039), il ajoute, au peu qu'il dit de notre chansonnier, qu'on a encore
de lui 2 volumes intitulés : *Alphabet de chansons pour danser et pour boire,
Paris*, 1646. Or ce titre, comme on le voit, est celui du premier livre des
Libertés d'André de Rosiers, que Nyon s'était contenté de transcrire sans
aller plus loin dans l'examen du contenu des deux volumes.

L'exemplaire de La Vallière, actuellement à la Bibliothèque de l'Arsenal,
ne contient que 14 livres.

Le VIe livre, trouvé lorsque les deux premiers volumes étaient reliés, a
été joint au troisième, dont la reliure, quoique pareille aux deux premiers,
est plus récente.

362. Les Libertez d'André de Rosiers. *Paris, Ballard*, 1649-1663, pet. in-8, cart.

Cet exemplaire ne contient que les livres II, III, IV, V, X, XI et XII.

**363. Les Chansons pour danser et pour boire du
sieur de La Marre.** *Paris, Robert Ballard*, 1650,
pet. in-8, 44 ff. cart.

**364. Les Chansons pour danser et pour boire du
sieur Guyot.** *Paris, Robert Ballard*, 1654, pet.
in-8, 42 ff. cart.

365. Recueil d'airs choisis (chansons et airs notés).
In-8 oblong, mar. r. fil. tr. dor. (*Padeloup.*)

Manuscrit du dix-huitième siècle.

**366. Chansons, vaudevilles et ariettes choisis, par
Duchemin.** *A Paris, de l'imprimerie de Valleyre
jeune, s. d.*, in-12, mar. rouge, jans. dent. int.
dor. tr. (*Hardy.*)

Recueil de chansons populaires publiées en cahiers dans les années 1765
à 1777, et réunies sous ce titre.

367. Recueil de chansons choisies, fait pour madame Maigrot par M***. (*S. l.*) 1764, in-4, mar.
rouge, à compart. tr. dor. (*Rel. anc.*)

Manuscrit de 408 pages du siècle dernier, d'une bonne écriture. De la bibliothèque de M. J. Bignon,

368. Le Petit Chansonnier françois, ou Choix des
meilleures chansons sur des airs connus (par Sau-
treau de Marsy). *Genève*, 1778, 3 vol. pet. in-8,
frontispices, v. éc. fil. tr. dor.

Exemplaire de Stanley et R. Heber.

4. Poètes italiens.

369. Antonius de Tempo de Ritimis vulgaribus. Videlicet de Sonetis, de Balatis, de Cantionibus ex-
tensis, de Rotondellis, de Mandrialibus, de Ser-
ventesiis et de Motibus confectis. (A la fin :) *Venetiis, per Simonem de Luere*, 1509, in-8, mar. r.
compart. tr. dor. (*Lortic.*)

Ouvrage fort rare, qui a été composé en 1332. C'est le plus ancien traité
de poétique italienne. Il est écrit en latin, mais les exemples sont en italien.
(Voir le catalogue Libri, 1847, n° 2949.)

370. LE TERZE RIME DI DANTE. Lo'nferno e'l Purga-
torio e'l Paradiso di Dante Alighieri. (A la fin :)
Venetiis, in ædib. Aldi. M.D.II, in-8, mar. r.
compart. dos orné, tr. dor. (*Bauzonnet.*)

Première édition aldine de Dante, avec l'ancre des Alde employée dans ce
livre pour la première fois et qui ne se trouve pas dans tous les exemplaires.
Superbe exemplaire très-grand de marges (H. 164 millim.), provenant de
la bibliothèque du maréchal SEBASTIANI. (Vendu 242 fr.)

371. Il Petrarca. *In Venetia*, M.D.XLVI. (A la fin :)
Nelle case de' figliuoli di Aldo, in-8, mar. vert,
large dent. tr. dor. doublé de moire rose, tr. dor.
(*Bradel-Derome.*)

Bel exemplaire de Renouard, avec son chiffre sur le dos de la reliure.

372. IL PETRARCHA. Con l'Espositione d'Alessandro
Vellutello, di novo ristampato con le figure a i
Triomphi. *Vinegia, Gabr. Giolito de' Ferrari,*

M.D.XXXXVII, in-4, fig. sur bois, mar. bl. dos
orné, fil. tr. dor. (*Padeloup.*)

Très-bel exemplaire de cette édition estimée; sur le frontispice se trouve
la signature du poëte J.-Ant. de Baïf.

373. SONETTI E CANZONI DEL SANNAZARO, M.D.XXXIIII.
(A la fin :) *In Vinegia, nelle case delli heredi d'Aldo
Romano et Andrea socero, M.D.XXXIIII,* in-8,
v. à compart. tr. dor.

Exemplaire de GROLIER, à riches compartiments, parfaitement conservé,
avec TITRE, NOM et DEVISE sur les plats.

Au commencement et à la fin du volume, sur les feuillets de garde en vélin, on voit deux jolis dessins du seizième siècle, au crayon rouge, un peu
effacé. Sur le premier feuillet de garde on lit : *Ex dono Domini Grezil de la
Verronière Voysin,* 1698, et sur le suivant : *Ex libris Francisci Gresil in su-
prema Parisiensis curia advocati.*

Ce volume est indiqué dans les *Recherches sur Jean Grolier,* par M. Le Roux
de Lincy, page 274, n° 278.

374. Opere di Hierony. BENIVIENI. (A la fin :) *In Vinegia, per Vettor. q. Piero Ravano della Serena
nel anno* M.D.XXXII, pet. in-8, mar. ol. compart.

Exemplaire du cardinal de GRANVELLE, dont les armoiries, servant d'es-
tampille, sont imprimées en noir au verso du titre. Les ornements de la reliure
sont argentés. Sur la garde du volume on lit : « *Ex bibliotheca J. Bapt. Boisot Vesontini.* » J.-B. Boisot, né à Besançon en 1638, y mourut en 1692.
C'est lui qui mit en ordre les mémoires, la correspondance et tous les papiers
de Granvelle. Il avait acheté d'abord, des héritiers du cardinal, la bibliothèque et les manuscrits que celui-ci avait laissés.

375. ORLANDO FURIOSO di Lodovico Ariosto. *Birmingham, da' torchi di G. Baskerville, per P. Molini,*
1773, 4 vol. gr. in-8, portr. d'Arioste gr. par Fi-
quet, et fig., mar. vert, dos orné, fil. tr. dor. (*Padeloup.*)

Superbe édition ornée de 46 figures d'après Cipriani, Cochin, Eisen, Moreau, etc. Belles épreuves.

Bel exemplaire. La reliure est signée : *Padeloup, relieur du Roi, place Sorbonne.*

376. ORONTE GIGANTE de leximio poeta Antonio
Lenio Salentino. Continente le battaglie del Re
de Persia et del Re de Scythia fatte per Amor de
la figliola del Re de Troia... *Novamente stampato
in... Vinegia. In Casa de Aurelio Pincio Veneto,
ad instantia de Christophoro dito Stampon libraio,
e compagni. Ne li ani del Signor* 1531, in-4, à

2 col., fig. sur bois, v. à compart. de couleurs,
tr. dor. (*Rel. du* xvie *siècle.*)

Édition fort rare et la seule connue de ce poëme chevaleresque, que
M. Brunet cite seulement d'après Melzi.

Exemplaire précieux, aux chiffres de HENRI II et de DIANE DE POITIERS.

Très-belle reliure ornée d'élégants compartiments à entrelacements, dans
lesquels figurent l'arc et le croissant de Diane, des fleurs de lis et les chiffres
de Henri et de Diane. Le tout en or et en couleur et d'une belle conservation.

Sur le feuillet blanc collé au verso de la couverture se trouve ce nom :
Jo. Garetus, 1670. Puis au dessous, une note d'une écriture assez récente
dont voici un extrait : « La signature ci-dessus est celle de Dom Jean Garet,
bénédictin, né en 1647 et mort en 1694, et qui donna, en 1679, une bonne
édition de Cassiodore.... Ce livre provient vraisemblablement du château
d'Anet, dont son père était majordome. »

377. Il Pastor fido, tragi-commedia pastorale del
cavaliere Giambatista Guarini. *Nella stamperia
di Fr. Ambr. Didot, Parigi, a spese di Cl. Molini,* 1782, in-8, gr. pap. d'Anonay, mar. r. fil.
tr. dor. (*Derome.*)

Belle édition tirée à 50 exemplaires, dit Renouard, *Bibliothèque d'un
amateur*, page 116.

Très-bel exemplaire.

III. POÉSIE DRAMATIQUE.

1. *Poètes dramatiques grecs et latins anciens et modernes.*

378. Excerpta ex tragœdiis et comœdiis græcis tum
quæ exstant, tum quæ perierunt ; emendata et
latinis versibus reddita ab Hug. Grotio. Cum notis.
Parisiis, apud Nic. Buon, 1626, in-4, m. r. fil. tr.
dor. (*Armoiries anglaises sur les plats.*)

Exemplaire PRÉCIEUX qui a appartenu à Jean RACINE. Sa signature est
sur le titre, et sur les pages 449, 725, 728, 729 et 737 se trouvent des notes de sa main.

Exemplaire de RENOUARD, tome II, page 195, du *Catalogue de la bibliothèque d'un amateur.*

L'exemplaire chez Renouard était en vélin ; il a été depuis relié à Londres.

379. M. ACCI PLAUTI COMOEDIÆ, accedit com-
mentarius ; ex recensione J. Fr. Gronovii. *Lugd.
Batavorum, ex officina Hackiana,* 1664, un tome

en 2 vol. in-8, front. gr., mar. bleu, fil. tr. dor. (*Padeloup.*)

Très-bel exemplaire de LONGEPIERRE (Hilaire-Bernard de Requeleynes, baron), avec les insignes de la Toison d'or sur le dos et aux coins des plats de la reliure.

380. P. Terentii comœdiæ sex. Ex D. Heinsii recensione. *Amsterod., J. Janssonius,* 1631, in-24, titre grav. mar. r. compart. tr. dor. (*Rel. anc.*)

Jolie reliure du temps. Chiffre sur les plats. Deux A entrelacés.

381. Publ. Terentii Afri comœdiæ. *Birminghamiæ, typis Joannis Baskerville,* 1772, in-8, réglé, mar. r. large dent. tr. dor. doublé de tabis.

Bel exemplaire.

382. L. A. Senecæ et aliorum Tragœdiæ. *Amsterod., apud Gul. Jans. Cæsius,* 1624, in-24, réglé, mar. r. tr. dor. (*Rel. anc.*)

Joli volume aux armes et aux chiffres de KENELM DIGBY et de sa femme V. Stanley. Kenelm Digby, plus connu sous le nom de *Chevalier Digby,* réfugié en France pendant les troubles de l'Angleterre, s'y occupa de philosophie, et y publia son *Discours sur la guérison des blessures par la poudre de sympathie, Paris,* 1658.
De la bibliothèque de M. J.-J. DE BURE.

383. L. et M. Annæi Senecæ Tragœdiæ, cum notis Th. Farnabii. *Amsterdami, J. Blaeu,* 1645, in-12, fr. gr., réglé, mar. r. compart. dos orné, tr. dor.

Très-jolie reliure de l'époque, ayant sur chaque plat cinq doubles ϕ entrelacés.

384. L. Annæi Senecæ tragœdiæ, recensuit F. Gronovius. *Amstelodami, apud Judocum Pluymer,* 1662, in-8, titre gravé, réglé, mar. rouge, doublé de mar. rouge, avec dent., fil. sur les plats, tr. dor. (*Boyet.*)

385. DRAMATA SACRA, comœdiæ atque tragœdiæ aliquot e Veteri Testamento desumptæ. (A la fin :) *Basileæ, Joannes Oporinus,* 1547, 2 vol. in-8, mar. r. dos orné, fil. tr. dor. (*Rel. anc.*)

Bel exemplaire de GIRARDOT DE PRÉFOND, de Mac-Carthy, de Châteaugiron et de Soleinne.

Ce recueil rare contient seize pièces de différents auteurs. Savoir : HIER.
ZIEGLER : *Protoplastus, Isaaci immolatio, Nomothesia, Samson, Heli, sive
Pædomothia.* — XISTUS BETULIUS : *Eva* (comédie abrégée de Mélanchthon),
Sapientia Salomonis, Judith, Susanna, Beel, Zorobabel .— CORN. CROCUS :
Joseph. — AND. DIETHERUS : *Joseph.* — JAC. ZOVITIUS : *Ruth.* — LOTI-
CHIUS : *Jobus.* — TH. NAOGEORGUS : *Hamanus.*

386. Comœdiæ sacræ, scilicet : Christus triumphans,
auct. Joan. Foxo, Anglo. *Basil., Oporinus,* 1556.
— Agapetus scholasticus, prædo factus et con-
versus, auct. Henr. Knaust. *Argent.* 1562. — Co-
mœdia sacra cui titulus Joseph, per Corn. Crocum.
Argent., 1562. — Adamus, Macropædii fabula
christiana, pietatis plena. *Ultrajecti,* 1552; —
in-8, m. r. tr. dor. (*Rel. anc.*)

Pièces rares. Exemplaire de MAC-CARTHY.

387. Hieremias. Tragœdia nova... cum luculenta
præfatione. Thoma Naogeorgo Straubingensi
(Kirckmeiero) autore. *Basileæ* (1551), in-8, mar.
r. fil. dos orné, tr. dor. (*Padeloup.*)

Exemplaire de GIRARDOT DE PRÉFOND, de Mac-Carthy et de Renouard.

388. Tragœdia nova Pammachius, autore Thoma
Naogeorgo. *Augustæ (Vindelicorum), per Alex.
Vueissenhorn,* 1539. — Tragœdia nova, quæ inscribitur Pedonethia... per Hieronymum Ziegle-
rum Rottenburgensem, M.D.XLIII. *Augustæ Vin-
del. Ph. Vlhardus;* — in-8, titre encadré, mar. r.
fil. tr. dor.

Exemplaire de RENOUARD et de Solar.

389. Hamanus, tragœdia nova... autore Thoma Naogeorgo. *S. l.,* anno 1543. — Judas Iscariotes, tragœdia nova et sacra. Th. Naogeorgo autore. Ad-
junctæ sunt quoque duæ Sophoclis tragœdiæ, Ajax
flagellifer et Philoctetes. *S. l.* (1552); — pet. in-8,
mar. v. fil. tr. dor. (*Smith.*)

2. *Poètes dramatiques français.*

390. De la Réformation du théâtre, par L. Riccoboni. *S. l.* (*Paris*), 1743, in-12, v. j. (*Aux armes
de M*^me *de Pompadour.*)

391. Les Souvenirs et les Regrets du vieil amateur
dramatique, ou Lettres d'un oncle à son neveu
sur l'ancien Théâtre-Français, depuis Bellecour...
jusqu'à Monvel (par Ant.-Fr. Arnault), ouvrage
orné de gravures coloriées, représentant en pied
ces différents acteurs dans les rôles où ils ont ex-
cellé. *Paris, Alph. Leclère,* 1861, in-8, demi-rel.
mar. rouge, dos orné et coins, fil. doré en tête,
n. rog. (*Bedford.*)

392. Mystères inédits du quinzième siècle, publiés
pour la première fois par Achille Jubinal, d'après
le mss. unique de la bibliothèque Sainte-Gene-
viève. *Paris, Techener,* 1837, 2 vol. in-8, mar.
rouge, fil. dent. int. tr. dor. n. rog. avec armes
sur les plats. (*E. Niedrée.*)

Un des 20 exemplaires en papier de Hollande.
De la bibliothèque du marquis de Coislin, avec son chiffre et ses armes.

393. Recueil de farces, moralités et sermons joyeux,
publié d'après le manuscrit de la Bibliothèque
royale, par Le Roux de Lincy et Francisque Michel. *Paris, Techener,* 1837, 4 vol. pet. in-8,
demi-rel. mar. bl. n. rog.

Tiré à 76 exemplaires.

394. Sensuit le Mistere de la Passion de Nostre-
Seigneur Jesuschrist, nouvellement reveu et corrige oultre les precedentes impressions. Auec les
additions faictes par tres eloquent et scientifique
docteur maistre Jehan Michel. Lequel mistere fut
joue a Angiers moult triumphamment et dernie-
rement a Paris. 1539. (A la fin :) *Nouvellemēt imprimee a Paris par Alain Lotrian et Denys janot,*

in-4, titre rouge et noir, caract. goth. à deux col.
v. fauve, dos orné, fil. tr. dor. (*Rel. anc.*)

Exemplaire du prince d'Essling.

395. Le Premier (et le Second) Volume du trium-
phant MYSTERE DES ACTES DES APOSTRES translate
fidelement a la verite historiale escripte par Sainct
Luc a Theophile, et illustre des legendes authen-
ticques et Vies de Sainctz receus par leglise, tout
ordonne par personnages (par Arnoul et Symon
de Greban). [Au verso de l'avant-dernier feuillet :]
*Cy fine le neufviesme et dernier livre des Actes des
Apostres, nouvellement imprimes a Paris pour
Guillaume Alabat bourgeoys et marchand de la
ville de Bourges, par Nicolas Couteau... et furent
achevez le* xvᵉ *jour de mars lan de grace mil cinq
cens* xxxvii, *avant Pasques,* 2 tom. en 1 vol. in-fol.
goth. à 2 col., réglé, 2 fig. sur bois, mar. r. dos
orné, fil. tr. dor. (*Rel. anc.*)

Première édition de ce mystère. Bel exemplaire provenant des ventes Delaleu (1775), de Tersan (1819), et Borluut de Nortdonck de Gand (1858).

396. L'Ordre de la triomphante et magnifique
monstre du mystere des saincts actes des Apôtres
faicte à Bourges le Dimanche dernier jour d'A-
vril 1536. In-fol. 18 ff. demi-rel. v.

Manuscrit sur papier daté de 1754.

« Cette curieuse relation, qui n'a aucun rapport avec le *Cri et proclamation
publique pour jouer le Mystère des Actes, à Paris,* a été copiée d'après un
manuscrit du temps inséré à la fin d'un exemplaire des *Actes des Apôtres,
Paris,* 1537, lequel appartenait en 1754, à l'abbé de Cicé, grand-vicaire de
l'archevêque de Bourges. »

Exemplaire de M. de Soleinne et de M. Borluut de Nortdonck.

397. Moralité des blasphémateurs de Dieu, à dix-
sept personnages. *Paris, Silvestre (impr. de Crapelet),* 1831, pet. in-fol. goth. format d'agenda,
fig. sur bois, mar. rouge, dos et plats ornés de
filets croisés formant des losanges, mors de mar.
non rogné. (*Niedrée.*)

Édition publiée aux frais du prince d'Essling. Un des quatre exemplaires
tirés sur VÉLIN. Riche reliure.

De la bibliothèque du marquis de COISLIN.

398. Moralité de la vendition de Joseph, à quarante-
neuf personnages. *Paris, Silvestre (imprimerie de
Pinard)*, pet. in-fol. goth. format d'agenda, fig.
sur bois, dos et plats ornés de filets croisés formant des losanges, mors de mar., non rogné. (*Niedrée.*)

Édition publiée aux frais du prince d'Essling. Un des quatre exemplaires
tirés sur VÉLIN. Reliure pareille à celle du volume précédent.
De la bibliothèque du marquis de COISLIN.

399. Moralité de Mundus, Caro, Demonia, à cinq
personnages. *Paris, Silvestre*, 1838, in-folio, gothique, format d'agenda, mar. rouge, plats et dos
ornés de filets croisés formant des losanges, mors
de mar. n. r. (*Niedrée.*)

Édition publiée aux frais du prince d'Essling. Un des quatre exemplaires
imprimés sur VÉLIN.
La reliure est pareille à celle des deux volumes précédents, mais l'exemplaire ne provient pas du marquis de Coislin, qui ne possédait que l'édition
du même ouvrage publiée en 1827 par M. Durand de Lançon.

400. Abraham sacrifiant, tragédie françoise, par
Théodore de Besze. *A Anvers, par Nicolas Sool-
mans, au lyon d'or*, 1580. (A la fin :) *De l'imprimerie de Van den Rade*, pet. in-8, mar. bleu,
large dent. tr. dor. (*Rel. anc.*)

Exemplaire de Soleinne.

401. Tragédie du roy Franc-Arbitre, nouvellement
traduite d'italien en françois (de Fr. Negro). *S. l.
(Genève). Chez Jean Crespin*, 1558, pet. in-8, mar.
rouge, fil. tr. dor. (*Derome.*)

Première édition de cette traduction plus rare et plus recherchée que
l'original italien.
Sous la forme d'un drame allégorique, cet ouvrage contient une attaque
virulente contre le pape et les doctrines de l'Eglise romaine. Les person-
nages sont le roi Franc-Arbitre, messire Clergé, Pierre et Paul apôtres, l'ange
Raphaël, Grâce justifiante, etc. En tête se trouve une préface de l'imprimeur
J. Crespin, qui est probablement l'auteur de la traduction.
Joli exemplaire de GIRARDOT DE PRÉFOND, de Soleinne, de Baudeloque,
de Capé.
La reliure est signée DEROME LE JEUNE, rue Saint-Jacques, au-dessus de
Saint-Benoit. Cette reliure, qui est à nerfs, est sans doute une des premières
du célèbre relieur, et dans son ancienne manière.

402. Le Marchand converti, tragédie excellente, en
laquelle la vraye et la fausse religion... sont au

vif représentées... Item suit après la comédie du
Pape malade et tirant à sa fin. (*Genève*), *François
Forest*, 1591, in-16, mar. vert, fil. tr. dor. (*Rel.
angl.*)

Éditions rares de ces deux pièces satiriques. La première est de Naogeorgus, autrement Kirckmeyer ; la seconde est attribuée à Th. de Bèze.
Exemplaire de CH. NODIER.

403. L'Histoire tragique de la Pucelle d'Orléans,
par Fronton du Duc, représentée à Pont-à-Mous-
son (le 7 sept. 1580) devant Charles III, duc de
Lorraine, et publiée en 1581, par J. Barnet. *Pont-
à-Mousson, P. Toussaint*, 1859, pet. in-4, pap.
vergé, demi-rel. mar. ol. non rogné.

Édition tirée à 105 exemplaires numérotés, aux frais de M. Durand de
Lançon.

404. Pyrrhe, tragédie de Luc Percheron, du pays
du Maine (1592). *Paris, de l'imprimerie de Crapelet*, 1845, in-8, mar. vert, dos orné, riches
comp. à petits fers au pointillé, doublé de mar.
citron, avec large dent. en mosaïque de mar. noir,
doré en tête, n. rog. (*E. Niedrée.*)

Pièce imprimée pour la première fois et tirée à 16 exemplaires seulement,
aux frais de MM. Max de Clinchamp et Raoul de Montesson, qui en ont fait
don à des bibliophiles.
Celui-ci est recouvert d'une des plus parfaites reliures de feu E. Niedrée.

405. OEuvres de P. Corneille, avec les notes de tous
les commentateurs (publ. par A. Martin). *Paris,
J. Techener*, 1854, 12 vol. in-8, mar. rouge, dos
orné, fil. dent. int. tr. dor. (*Capé.*)

Un des 20 exemplaires en papier de Hollande. De la biblioth. Cailhava.

406. Le Théâtre de M. Quinault contenant ses tra-
gédies, comédies et opéras, nouvelle édition enrichie de figures. *Paris,* 1739, 5 vol. pet. in-8, v.
fauve, fil. tr. dor. (*A. Chaumont.*)

Exemplaire de M. de Noailles. (Vente à Londres, 1835.)

407. OEUVRES DE MOLIÈRE (précédées de mémoires
sur la vie et les ouvrages de Molière, par J.-L.-J.

de la Serre). *Paris, Bauche*, 1739, 8 vol. in-12, fig.
mar. vert, dent. tr. dor. (*Derome.*)

Bel exemplaire auquel ont été ajoutées les jolies figures gravées par Punt
d'après Boucher. Il provient des ventes d'Ourches, Duriez et Pixerécourt.
Cette édition reproduit celle de 1734 en 6 vol. in-4. On y a ajouté une
addition à l'avertissement contenant : 1° un extrait des *Nouvelles nouvelles. Paris, Quinet, 1663*, par de Visé; 2° *Lettre sur les affaires du
théâtre* (par le même), *extraite des diversités galantes. Paris, Ch. Barbier,
1664*; 3° *Catalogue des critiques qui ont été faites contre les comédies de
Molière.*

408. OEuvres de Molière, avec les notes de tous les
commentateurs, troisième édition publiée par
L. Aimé-Martin. *Paris, Lefevre*, 1845, 6 vol. in-8,
figures d'Horace Vernet, demi-rel. mar. r. avec
coins, tr. sup. dor. n. rogn. (*Capé.*)

Exemplaire en grand papier de Hollande. L'un des 20 sur ce papier.

409. OEuvres de Racine. *Paris, P. Trabouillet,*
1687, 2 vol. in-12, front. gr. et fig. de Chauveau,
v. br. fil. (*Rel. du temps.*)

Édition recherchée et la première qui renferme *Phèdre*. Bel exemplaire.

410. OEuvres complètes de J. Racine, avec les notes
de tous les commentateurs, cinquième édition
publiée par Aimé-Martin. *Paris, Lefèvre*, 1844,
6 vol. in-8, figures de Desenne, demi-rel. mar.
bl. avec coins, tr. sup. dor. n. rogné. (*Capé.*)

Exemplaire en grand papier vélin.

411. Esther, tragédie tirée de l'Escriture sainte (par
J. Racine). *Paris, D. Thierry*, 1689, in-12, fig.
mar. r. compart. dos orné, doublé de mar. vert,
riches compart. tr. dor. (*Simier fils.*)

Édition originale, in-12. De la biblioth. de M. Ch. Giraud.

412. Athalie, tragédie tirée de l'Escriture sainte
(par J. Racine). *Paris, chez Cl. Barbin*, 1692,
in-12, fig., mar. r. compart. doublé de mar. vert,
riches compart. tr. dor. (*Simier fils.*)

Édition originale, in-12. De la biblioth. de M. Ch. Giraud.

413. Astrée, tragédie (lyrique), par M. de la Fontaine, représentée par l'Académie royale de mu-

sique. *Paris, chez Christophe Ballard*, 1691,
in-4, 45 pages, mar. rouge, fil. dos et coins fleurdelisés, tr. dor.

Édition originale, très-rare.
Exemplaire aux armes du comte de TOULOUSE. De la bibliothèque de
M. de Soleinne.

414. Le Théâtre de M. Baron. *Paris*, 1769, 3 vol.
pet. in-12, portrait gravé par Delvaux, v. fauve,
dent. tr. dor. (*Rel. anc.*)

Exemplaire de Pixerécourt.

415. Recueil des pièces mises au théâtre françois,
par M. le Sage. *Paris, J. Barois,* 1739, 2 vol.
in-12, mar. bl. dos orné, fil. tr. dor. (*Aux armes
de la duchesse de Grammont-Choiseul.*)

Première édition du théâtre de Le Sage.

416. OEuvres dramatiques de N. Destouches, nouvelle édition précédée d'une notice sur la vie et
les ouvrages de l'auteur. *Paris, de l'impr. de
Crapelet,* 1822, 6 vol. gr. in-8, papier vélin, portrait, mar. orange, tr. dor. (*Reliure de Clarke.*)

Édition tirée à 80 exemplaires en grand papier vélin, n° 14.
Exemplaire relié sur brochure et presque NON ROGNÉ.

417. Recueil sur la comédie des Philosophes, 8 pièces en 1 vol. pet. in-8, v. f. tr. dor. (*Padeloup.*)

Petites lettres sur de grands philosophes. *A Paris*, 1757. — Lettres de
l'auteur de la comédie des Philosophes au public, 1760. — Préface de la comédie des Philosophes. *Paris*, 1760. — Les Philosophes, comédie en trois
actes, en vers, par M. Palissot de Montenoy. *Paris, chez Duchesne*, 1760
(ÉDITION ORIGINALE). — Lettres de M. de Voltaire à M. Palissot. *Genève*,
1760. — Les Quand adressés à M. Palissot, et publiés par lui-même, 1760.
— Les Qu'est-ce à l'auteur de la comédie des Philosophes, 1760. — Discours sur la satyre contre les philosophes. *Athènes*, 1760.

418. OEuvres complettes de Vadé avec les airs notés
à la fin de chaque volume. *Genève (Cazin)*, 1777,
4 vol. in-24, portrait gravé par C. Boily, mar.
rouge, fil. tr. dor. (*Anc. rel.*)

419. Le Théâtre italien, ou Recueil de toutes les
scènes françoises qui ont esté jouées sur le théâtre
italien de l'hôtel de Bourgogne (par Evariste

Gherardi.) *Paris, Guillaume de Luyne,* 1694, un tom. en 2 vol. in-12, mar. r. large dent. doublé de mar. large dent. tr. dor. (*Jolie rel. du temps.*)

Première édition, très-rare. M. de Soleinne ne la possédait pas.

Ev. Gherardi remplissait le rôle d'Arlequin au Théâtre-Italien. Il dit dans son avertissement : « Ces scènes sont l'ouvrage de plusieurs personnes d'esprit qui nous les ont données pour les mettre dans des sujets italiens où elles sont comme enchâssées. Tout Paris les a admirées... »

Parmi ces scènes, on remarque les suivantes, qui sont de Regnard : 1° six scènes du *Divorce;* 2° cinq scènes d'*Arlequin homme à bonnes fortunes;* 3° le 3e acte de la comédie des *Chinois,* intitulé : *la Baguette de Vulcain,* cinq scènes, avec *l'augmentation de la Baguette,* un prologue et trois scènes (en collaboration avec Du Fresny).

420. Pastorale et tragi-comédie de Janin, représentée dans la ville de Grenoble, par J. Millet. *Lyon, Ant. Molin,* 1706, pet. in-8, v. f. (*Rel. anc.*)

Comédie en patois du Dauphiné. Exemplaire de Hyacinthe-Théod. Baron, célèbre médecin et amateur, depuis de Méon et de M. de Soleinne.

IV. ROMANS.

1. *Romans grecs et latins.*

421. Lettre de monsieur Huet à monsieur de Segrais, de l'Origine des romans. *Paris, chez Séb. Mabre-Cramoisy,* 1678, in-12, mar. rouge, fil. à comp. tr. dor. (*Du Seuil.*)

Seconde édition. La première a été publiée en 1870, en tête de Zayde.

422. LES AMOURS PASTORALES DE DAPHNIS ET CHLOÉ (traduites du grec de Longus, par J. Amyot). *S. l. (Paris),* 1718, pet. in-8, front. et fig. gr. par Audran d'après les dessins de Philippe duc d'Orléans, mar. vert, dos orné, large dent. tr. dor. (*Rel. anc.*)

Édition dite du Régent. Bel exemplaire aux armes de Ch.-François-Frédéric de Montmorency, duc de Luxembourg, et de N. de Colbert-Seignelay, sa femme.

La planche finale s'y trouve.

423. LES AMOURS PASTORALES DE DAPHNIS ET CHLOE (trad. par J. Amyot, avec des notes d'Ant. Lan-

celot). *S. l.* (*Paris, Coustelier*),.1731, in-12, front.
gr. et 8 fig. par J.-B. Scotin, v. f. riches compart.
doublé de mar. r. riches dent. tr. dor.

Riche et curieuse reliure en veau fauve, avec incrustations de maroquin
de diverses couleurs représentant sur chaque plat un combat d'oiseaux fan-
tastiques dans un cadre formé d'ornements en mosaïque. Cette curieuse reliure est signée *Monnier* à l'extérieur, et à l'intérieur sur la doublure en
maroquin rouge décorée d'une large dentelle à petits fers. Monnier était le
plus habile doreur de son temps.

424. Les Amours pastorales de Daphnis et Chloé,
traduites du grec de Longus, par Amyot. *Paris*
(*Fr.-Ambr.-Didot*), 1780, in-18, mar. r. fil. (*Derome.*)

De la collection du comte d'Artois.

425. Titi Petronii Arbitri Satyricon, cum fragmento traguriensi : accedunt diversorum poëta-
rum lusus in Priapum, omnia commentariis et
notis doctorum virorum illustrata concinnante
Michaele Hadrianide. *Amstelodami, J. Blaeu*,
1669-71, 3 tom. en 1 vol. in-8, front. gravé par
Romeyn de Hooghe, dos orné, mar. r. fil. doublé
de mar. r. dent. tr. dor. (*Boyet.*)

Exemplaire bien complet, avec les Priapées et le Fragment publiés en
1671, qui n'ont été joints qu'à une partie des exemplaires.
Belle et excellente reliure de Boyet. De la bibliothèque de M. de Noailles,
duc de Poix.

426. T. Petronii Satyricon, cum notis Boschii,
Reinesii et Schefferi. *Amstelædami, apud J. Wol-
ters*, 1700, 2 vol. pet. in-24, mar. bl. dos orné,
dent. doublé de mar. citr. dent. tr. dor. (*Padeloup.*)

Très-joli exemplaire de Bonnemet, de La Vallière et de Saint-Mar-
tin (1806.)

427. L. Apuleii Metamorphoseos, sive lusus Asini
libri XI. Floridorum IIII. De Deo Socratis 1. De
Philosophia I, etc. Isagogicus liber Platonicæ
philosophiæ per Alcinoum philosophum, græce...
(A la fin :) *Venetiis, in ædibus Aldi et Andreæ*

soceri, M.D.XXI, in-8, mar. r. fil. dos orné, tr. dor. (*Rel. anc.*)

Exemplaire de Hoendorf. Double de la bibliothèque de Vienne.

428. Jo. Barclaii Argenis. *Lugd. Bat.*, *ex officina Elzeviriana*, 1630, pet. in-12, titre gravé, mar. vert, dos orné, large dent. tr. dor. doublé de tabis.

Bel exemplaire de Renouard. Jolie reliure de Bradel-Derome, une des premières et des meilleures qu'il ait faites.

2. *Romans français.*

A. Romans de Chevalerie.

429. LARBRE DES BATAILLES (par Honoré Bonnor ou Bonet.) *Cy finist le livre intitule larbre des batailles imprime a Paris, le VIIIe jour de juing Mil. cccc. quatre-vingtz et treize, par Anthoine Verard, libraire demourant a Paris, sur le pont Nostre-Dame* (marque de Verard). In-fol. goth. fig. sur bois, cuir de Russie, dent. tr. dor.

Édition très-rare. Bel exemplaire du prince d'Essling et auparavant de Duriez de Lille.

Le titre, en une ligne qui manquait, a été refait en *fac-simile*.

Cet exemplaire, très-grand de marges, a en hauteur : 267 mill. L'exemplaire de M. Yemeniz, qui n'avait que 253 mill., dont le feuillet de titre était restauré et qui avait des piqûres raccommodées, a été vendu 1800 fr.

Il est à remarquer que les figures sur bois qui ornent cette édition sont les mêmes que celles du *Chevalier delibéré*, publié en 1488, par Vérard qui les a utilisées ici de nouveau, quoiqu'elles n'aient aucun rapport au livre.

430. La Devise des armes des chevaliers de la Table ronde, lesquels estoyent du temps du tres-renommé et vertueux Artus, roy de la Grande-Bretaigne. *Lyon, Benoist Rigaud*, 1590, in-16, fig. sur bois, mar. bl., dos et plats avec ornements, tr. dor. (*Trautz-Bauzonnet.*)

431. Lancelot du Lac. Le premier (second et tiers) volume de Lancelot du Lac. *Nouvellement imprime a Paris, mil cinq cens XXXIII. On les vend a Paris, en la rue Saint-Jacques, par Jehan Petit,*

*libraire juré. — Cy fine le dernier volume de la
Table ronde. Nouvellement imprime a Paris pour
Phelippe le Noir libraire et lung des deux relieurs
de livres jurez de luniversite de Paris*, 3 tom. en
1 vol. in-fol. goth. mar. bleu, fil. tr. dor. (*Bauzonnet.*)

Bel exemplaire, grand de marges, provenant de bibliothèque de M. A. Cigongne et en dernier de la vente Potier (1870).

432. MELIADUS DE LEONNOYS. Ou present volume sont contenus les nobles faits darmes du
vaillant roy Meliadus de Leonnoys. Ensemble,
plusieurs autres nobles proesses de chevalerie
faictes tant par le roy Artus, Palamedes, le Mor-
hoult d'Irlande, le bon chevalier sans paour,
Galehaut le brun, Segusades, Galaad que autres
bons chevaliers estans au temps dudit roy Meliadus. *On les vend a Paris, en la grand salle
du Palais... en la boutique de Galliot du Pre.* (A
la fin :) *Acheve dimprimer à Paris, le XXV° jour
du moys de novembre lan mil cinq cens xxviii.*
In-fol. goth. mar. rouge, dos orné et encadr. à la
Du Seuil, doublé mar. ol. riches et élégants
compart. à la Grolier, tr. dor. (*Koehler.*)

Première édition de ce roman.
Superbe exemplaire, très-grand de marges et parfaitement conservé. (Catal. Giraud, n° 1861, et catalogue Lacarelle, 1859, n° 312.)

433. TRISTAN. Les Grandes proesses du tres vaillant, noble et excellent chevalier Tristan fils du
noble roy Meliadus... Nouvellement imprime a
Paris lan Mil cinq cens XXXIII. (A la fin :) *Cy
finist le second et dernier volume... du noble...
Tristan... nouvellement imprime a Paris, lan
Mil cinq cens trente-trois* (par Denys Janot). In-fol.
goth. à 2 col., titre avec encadr. où se trouve le
nom de Denys Janot, mar. r. dos orné, fil. comp.
à la Du Seuil, tr. dor. (*Bauzonnet-Trautz.*)

Très-bel exemplaire provenant des ventes Crozet, Aimé-Martin, Coislin
et B. Delessert (1848).

R.   7

434. Histoire des hauts et chevaleureux faicts d'armes du... plus que victorieux prince Meliadus, dit le chevalier de la croix, fils unique de Maximilien, empereur des Allemaignes. *Paris, par Nicolas Bonfons,* 1534, in-4 à 2 col., mar. bl. dos orné, fil. tr. dor. (*Rel. anc.*)

Exemplaire de Girardot de Préfond. (Ire Biblioth.)

435. Cronique et histoire faicte et composee par reverend pere en Dieu Turpin, archevesque de Reims, lung des pairs de France, contenant les prouesses et faictz darmes advenuz en son temps du tres magnanime roy Charles le Grant, autrement dit Charlemaigne, et de son nepveu Raouland. (*A la fin :*) *Imprime a Paris, par Me Pierre Vidoue pour honneste personne Regnault Chauldiere, ce huitiesme iour de Juing mil cinq cens XXVII,* in-4, goth., mar. ol. doubl. de mar. rouge, rich. compart. tr. dor. (*Koehler.*)

Première édition de ce roman. Bel exemplaire d'Aimé-Martin.

436. Le Premier livre de l'histoire et ancienne cronique de Gérard d'Euphrate, duc de Bourgongne, traitant, pour la plus part, son origine, jeunesse, amours et chevaleureux faitz d'armes... mis de nouveau en nostre vulgaire françoys. *Paris, pour Jan Longis, libraire,* 1549, in-fol., vignettes sur bois, mar. rouge, ornem. sur les plats, dent. int. tr. dor. (*Hardy-Mennil.*)

437. Sensuit le livre de Ponthus fils du roi de Galice et de la belle Sydoine fille du roi de Bretaigne. (A la fin :) *Cy finist lhistoire du noble roy Ponthus... Imprime nouvellement a Paris, par Jehan Jehannot imprimeur libraire demourant en la rue neufve Nostre-Dame a lymage sainct Jehan Baptiste, s. d.* (vers 1520), in-4, goth. à 2 colonnes, fig. sur bois, mar. r. tr. dor. (*E. Niedrée.*)

Exemplaire unique. Il n'est pas fait mention de cette édition dans le *Manuel du Libraire.*

438. Lhystoire de Olivier de Castille et de Artus Dalgarbe son loyal compaignon. Et de Helaine fille au roy dangleterre. Et de Henry filz du dict Olivier qui grans faitz darmes firent ensemble. *On les vend a Lyon aupres de nostre dame de confort chez Olivier Arnoullet.* (A la fin :) *Cy finist lhystoire de Olivier de Castille... Imprime nouvellement a Lyon, par Olivier Arnoullet, le .xxx. de juing mil cccc .xlvj* (1546) in-4, goth. à longues lignes, fig. sur bois, mar. bleu, fil. dos orné, tr. dor. (*Rel. anc.*)

Édition très-rare. Bel exemplaire de Gaignat (n° 2316), et de R. Héber.

439. (LES FAIS ET PROESSES DU NOBLE ET VAILLANT CHEVALIER JASON, par Raoul le Fevre). *Sans aucune indication*, pet. in-fol. goth. mar. r. dos orné, fil. tr. dor. (*Rel. d'Anguerrand.*)

Edition en gros caractères semi-gothiques, à deux colonnes de 31 lignes par page pleine, sans chiffres ni réclames; mais avec des signatures de A à Q, par 8 feuillets, excepté A et Q, qui en ont 10. En tout 132 feuillets, dont le premier est blanc. Dans notre exemplaire le feuillet blanc est remplacé par un autre feuillet, où le titre en un mot (JASON) est écrit en caractères gothiques avec une grande lettre ornée. Le titre transcrit ci-dessus a été pris à la fin du Prologue. Les lettres capitales qui sont en tête des chapitres sont en partie gravées en bois et à jour; d'autres sont pleines et noires, et plusieurs qui sont en couleur sont faites à la main.

M. Brunet dit que cette édition se compose de 130 feuillets, mais il se trompe; car l'exemplaire de La Vallière, qui lui a servi pour sa description, est justement le nôtre, et il a bien 132 ff. Remarquons en passant que le savant bibliographe décrit deux fois cette édition dans le même article. D'abord au bas de la colonne 928 (Manuel, III), et ensuite au milieu de la col. 929, dans une note commençant ainsi : « Nous avons vu autrefois à la Bibliothèque impériale une ancienne édition in-fol. de Jason, etc. » Il ne s'était pas aperçu que les deux éditions n'en faisaient qu'une.

Cette édition est imprimée avec les mèmes caractères que le *Miroir de la vie humaine* (de Rodericus Sancius de Arevalo, episcop. Zamor.), sorti des presses de Nicolas Philippi (Pistoris de Bensheim) et de Marcus Reinhart (de Strasbourg) en 1482, sans indication de lieu. Ces deux imprimeurs ont exercé leur art à Lyon, de 1477 à 1482. Panzer donne la liste de neuf de leurs éditions avant 1482. La Caille (*Histoire de l'imprimerie*) dit qu'ils vinrent de Strasbourg à Paris en 1482, et qu'ils y imprimèrent *le Miroir de la vie humaine*; mais cette assertion, copiée par De Bure, et que n'appuie aucune preuve, a été rejetée par les autres bibliographes qui n'admettent pas l'établissement des deux associés à Paris. Il est à remarquer que le gros caractère dont ces imprimeurs ont fait usage dans *le Miroir de la vie humaine* n'a pas servi pour les autres livres avec leurs noms, mais il existe au moins trois ouvrages sans leurs noms, où il a été employé : le *Jason* d'abord, puis le *Viola sanctorum* (*Catal. La Vallière*, n° 4714), et une édition du *Voyage de Mandeville*, avec gravures sur bois, dont M. Brunet ne parle pas, mais qui est indiquée et décrite dans le gros catalogue du libraire Quaritch. Ce livre appartient actuellement à M. le comte Crawford.

Après 1482, on ne rencontre plus les noms des deux imprimeurs réunis; mais celui de Nic. Philippi se retrouve sur quelques éditions lyonnaises, soit seul, soit avec celui de Jehan Dupré, de 1485 à 1488. (*Bibl. lyonnaise de Péricaud.*)

On connait trois autres exemplaires de cette édition de *Jason*, l'un qui est à notre Bibliothèque nationale, un autre au British Museum (bibliot. de Georges III), et le troisième, dont les six premiers feuillets sont manuscrits, qui a figuré aux ventes Lauraguais, White Knight, Lang, R. Heber et en dernier lieu chez M. Corser (vendu en août 1869, 70 liv. st. ou 1750 fr.).

Notre exemplaire, qui est très-beau, grand de marges et bien conservé, est celui de GIRARDOT DE PRÉFOND. Il a passé successivement chez La Vallière, Crevenna, Roxburghe (dont les armes ont été ajoutées sur les plats), chez R. Heber, d'Essling et B. Delessert (vente à Londres, 1848).

On remarque dans la grande majuscule, placée en tête du texte, les armoiries de la maison d'Albret en or et couleur, avec la devise : « Seul il en vient, mieux ne pouvoit. »

440. L'Histoire du noble, preux et vaillant chevalier GUILLAUME DE PALERNE, et de la belle Melior; lequel Guillaume de Palerne fut filz du roy de Cecille, et par merveilleuse avanture devint vacher, et finablement fut empereur de Rome. *Paris, Nicolas Bonfons, s. d.,* in-4 goth. à 2 col. fig. sur bois, mar. r. fil. dos orné, tr. dor. (*Rel. anc.*)

Exemplaire de R. Heber et du prince d'Essling.

441. Histoire du petit Jehan de Saintré, par le comte de Tressan. *Paris (Fr.-Ambr.-Didot),* 1780. — Gerard, comte de Nevers et la belle Euriant sa mie, par le même. *Paris (Fr.-Ambr.-Didot),* 1780. — Tristan de Léonois, par le même. *Paris (Fr.-Ambr.-Didot),* 1781. Ensemble 3 vol. in-18, mar. r. fil. tr. dor. (*Derome.*)

De la collection du comte d'Artois.

442. SENSUYT LE ROMMANT DE LA BELLE HELAINE de Constantinople, mere de sainct Martin de Tours en Touraine et de saint Brice son frere. *On les vend a Paris en la rue neufve Nostre-Dame a lenseigne de lescu de France.* (A la fin, avant la table :) *Cy finist le rommant de la belle Helaigne, fille du roy Anthoine de Constantinople... Imprime*

a Paris, par la vefve Jehan Treperel...s. d., in-4,
goth. à longues lignes, fig. sur bois sur le titre,
marque de J. Treperel, mar. bl. ornem. sur les
plats, tr. dor. (*Trautz-Bauzonnet.*)

Exemplaire unique. Cette édition n'est pas indiquée dans le *Manuel du
libraire*. Elle se compose de 40 ff. Sign. A-I 3.

443. SENSUYT LHISTOIRE DE PIERRE DE PROVENCE et
de la belle Maguelonne. (A la fin :) *Cy fine le livre
et hystoire de Pierre, fils du comte de Provence et
de la belle Maguelonne fille du roy de Napples.
Nouvellement imprime a Paris, par la veufve feu
Jehan Trepperel, demourant en la rue neufve
Nostre-Dame...* In-4, goth. à 2 col., fig. sur bois,
mar. r. tr. dor. (*Niedrée.*)

Edition non mentionnée par M. Brunet et dont on ne connait que cet
exemplaire.

444. Le Livre du très-valeureux comte d'Artois et
de sa femme, fille au comte de Boulogne, publié
d'après les manuscrits et pour la première fois
(par M. Barrois). *Paris, Techener,* 1837, in-4,
figures, fac-simile, caract. gothiques, mar. rouge,
dos orné, fil. dent. int. tr. dor. (*Trautz-Bauzonnet.*)

B. Romans de divers genres.

445. LES OEUVRES DE M. FRANÇOIS RABELAIS, docteur
en médecine, contenans la vie, faictz et dictz
heroïques de Gargantua et de son fils Panurge (*sic*).
Avec la prognostication pantagrueline. *S. l. (Paris*), M.D.LIII, in-16, v. fauve, fil. (*Rel. du* XVIe *s.*)

Édition précieuse, la première renfermant les IV livres, et qui ait paru
sous un titre collectif. Elle a été donnée par Rabelais qui mourut cette
même année.

446. Les OEuvres de M. François Rabelais... contenant cinq livres de la vie, faicts et dicts héroï-
ques de Gargantua et de son fils Pantagruel... de
nouveau vu et augmenté. *Anvers, par François*

Nierg, 1573, 3 part. en 1 vol. in-16, réglés, mar. r. dos orné, fil. tr. dor. (*Trautz-Bauzonnet.*)

Bel exemplaire réglé, grand de marges, avec témoins, de cette édition rare. De la bibliothèque de M. A. VEINANT.

Quelques bibliographes ont prétendu que le nom de Fr. Nierg était supposé et que cette édition avait été imprimée à Genève par Henri Estienne.

447. OEuvres de maître François Rabelais, avec des remarques historiques et critiques de Jac. Le Duchat et Bernard de la Monnoye. *Amsterdam, chez Henri Bordesius,* 1711, 6 tom. en 5 vol. in-8, portr., frontispice et figures, mar. citr. fil. tr. dor. (*Reliure anglaise.*)

Exemplaire en grand papier de Hollande.

448. Les OEuvres de madame Helisenne de Crenne, à sçavoir. Les Angoisses douloureuses qui procèdent d'amours. Les Epîtres familières et invectives. Le Songe de la dicte dame. *Paris, Est. Groulleau,* 1553, in-16, fig. sur bois, mar. vert, dos orné, large dent. tr. dor. (*E. Niedrée.*)

On croit que le nom d'Helisenne est un nom supposé.

C'est une des éditions revues par Ch. Collet de Rumigny. Cette révision fut faite pour rendre plus intelligible le texte de l'auteur écrit dans un style amphigourique.

Joli exemplaire.

449. Les Amours du grand Alcandre, par Mlle de Guise; suivies de pièces intéressantes pour servir à l'histoire de Henri IV (publ. par J.-B. de la Borde). *Paris, de l'impr. de Didot l'aîné,* 1786, 2 vol. in-12, pap. vélin, v. éc. fil. tr. dor. (*Derome.*)

450. Histoire comique, par M. de Cyrano Bergerac, contenant les estats et empires de la lune. *Paris, Ch. de Sercy,* 1657, in-12, v. br.

Première édition.

451. Le Roman bourgeois. Ouvrage comique (par Ant. Furetière). *Paris, Theod. Girard,* 1666, in-8, front. gravé, v. fauve, fil. dos orné. (*Padeloup.*)

Édition originale. Exemplaire aux armes du COMTE D'HOYM, ayant fait partie des bibliothèques de R. Heber, de Ch. Nodier (avec sa marque) et d'Aimé-Martin.

452. La Fayette (Madame de). Zayde, Histoire espagnole. *Paris (Fr.-Ambr. Didot)*, 1780, 2 vol. — La Princesse de Clèves. *Paris (Fr.-Ambr. Didot)*, 1780, 2 vol.; ensemble 4 vol. in-18, mar. r. fil. tr. dor. (*Derome.*)

De la collection du comte d'Artois.

453. Les Galanteries grenadines, par Madame de Villedieu. *Paris, Cl. Barbin*, 1673, 2 vol. pet. in-12, mar. r. dent. dos orné, doublé de mar. r. dent. tr. dor.

Très-jolie reliure du temps, avec une large dentelle sur les plats où l'on remarque des couronnes, des fleurs de lis, des cerfs, des coqs, etc.
Sur le titre la signature de Duvivien, amateur distingué du xvii° siècle.

454. Mémoires amoureuses (*sic*) contenants les amours des grands hommes et dames illustres de ce temps (par Mme de Villedieu). *Cologne, chez Pierre Marteau*, 1676 (*Holl.*), 2 part. en 1 vol. pet. in-12, mar. bleu, fil. dent. int. tr. dor. (*Bauzonnet-Trautz.*)

455. Mémoires historiques et secrets concernant les amours des rois de France, etc. (d'après Sauval), avec quelques autres pièces (Réflexions sur la mort d'Henri IV; Origine du mal de Naples, etc. publ. par le marquis d'Argens). *Paris, vis-à-vis du Cheval de bronze (Hollande)*, 1749, pet. in-12, réglé, mar. bl. doublé de tabis, fil. tr. dor. (*Rel. anc.*)

456. Histoire amoureuse des Gaules, par le comte de Bussi Rabutin (et autres histoires du temps, recueillies déjà sous les titres d'Amours des dames illustres de France et de la France galante). *S. l. (Paris, Grangé)*, 1754, 5 vol. pet. in-12, titres gravés, mar. vert, tr. dor. (*Derome.*)

457. Les Galanteries de la cour de France (par Vanel). *Cologne, P. Marteau (Paris)*, s. d., 3 vol.

in-12, front. gr. et fig. v. m. (*Aux armes de Ri-quet de Caraman.*)

458. La Galante Hermaphrodite. Nouvelle amoureuse par le Sr de Chavigny. *Amsterdam, J. Chambord (à la Sphère),* 1683, pet. in-12, mar. bl. tr. dor. (*Duru.*)

459. Dom Carlos, nouvelle historique, par l'abbé de S. Réal. *Paris (Fr.-Ambr. Didot),* 1781, in-18, mar. r. fil. tr. dor. (*Derome.*) — Le Siége de Calais, nouvelle historique, par Mme de Tencin. *Paris, Fr.-Ambr. Didot),* 1781, 2 vol. in-18, mar. r. fil. tr. dor. (*Derome.*)

De la collection du comte d'Artois.

460. Le Louis d'or politique et galant. *Cologne, P. Marteau (Hollande, à la Sphère),* 1695, pet. in-12, mar. ol. tr. dor.

Exemplaire de V. Hutterson.

461. Les Désordres de la Bassette, nouvelle galante (attribuée à Preschac). *Paris, Gabr. Quinet,* 1682, pet. in-12, mar. r. dos orné, compart. à la Du Seuil, tr. dor. (*Rel. anc.*)

Édition originale.

462. Les Avantures de Télemaque fils d'Ulysse, par feu Messire François de Salignac de la Mothe Fénelon. *Londres, chez R. Dodsley,* 1738, 2 vol. in-8, pap. de Holl., portr., fig. de B. Picart, Dubourg et Debrie, mar. rouge à compart. dent. int. tr. dor. (*Bradel-Derome.*)

Exemplaire de Ch. Nodier.

463. Aventures de Télémaque, par Fénelon. *Paris, Techener,* 1853, 2 vol. in-8, mar. rouge, fil. encadrements, tr. dor. (*Trautz-Bauzonnet.*)

Un des vingt exemplaires en grand papier de Hollande. Chaque livre est orné en tête d'une eau-forte de Paquier et Dujardin.

464. Mémoires du comte de Grammont, par le comte A. Hamilton. *Paris (Fr.-Ambr. Didot),*

1781, 3 vol. — Contes d'Hamilton. *Paris (Fr.-
Ambr. Didot)*, 1781, 3 vol.; ensemble 6 vol.
in-18, mar. r. fil. tr. dor. (*Derome.*)

De la collection du comte d'Artois.

465. Histoire de madame la comtesse des Barres
(par l'abbé de Choisy). A Madame la marquise de
Lambert. *Anvers, chez van der Hey*, 1735, in-12,
mar. vert. (*Duru.*)

Exemplaire seulement ébarbé. Le coin du bas du titre raccommodé.

466. Voyages et Avantures de Jacques Massé (par
Tyssot de Patot). *Cologne, chez Jaques Kainkus*,
1710, in-12, portrait et vignette sur le titre, mar.
rouge, fil. tr. dor. (*Anguerrand.*)

Voyage imaginaire. Exemplaire de Lamoignon.

467. Histoire de Gil Blas de Santillane, par M. Le
Sage. *Paris, les libraires associés*, 1747, 4 vol.
in-12, fig., mar. vert, dos orné, fil. tr. dor.
(*Lortic.*)

Dernière édition revue par Le Sage.

468. Histoire de Gil Blas de Santillane, par Le Sage,
vignettes par Jean Gigoux. *Paris, Paulin*, 1835,
gr. in-8, mar. citr. dos orné, compart. tr. dor.
(*Bedford.*)

Premier tirage. Un des six exemplaires sur papier de Chine.

469. Histoire d'Estevanille Gonzalez, surnommé le
Garçon de bonne humeur, tirée de l'espagnol par
monsieur Le Sage. *Paris, chez Prault*, 1741, 2 vol.
in-12, mar. r. dos ornés, fil. tr. dor. (*Rel. anc.*)

Exemplaire de RACINE-DEMONVILLE.

470. L'Avanturier hollandois, ou la Vie et les Avantures divertissantes et extraordinaires d'un Hollandois, avec figures. *Amsterdam, chez Herman
Uytwerf*, 1729, 2 vol. in-12, figures, v. fauve,
dos orné, fil. non rogné. (*Bedford.*)

Ce roman est traduit du hollandais de Nicolas Heinsius, fils du savant
N. Heinsius et petit-fils de Daniel.

471. Histoire de Manon Lescaut et du chevalier des Grieux, par l'abbé Prévost. *Paris (Fr.-Ambr. Didot)*, 1781, 2 vol. in-18, mar. r. fil. tr. dor. (*Derome.*)

De la collection du comte d'Artois.

472. Lettre de la marquise de M*** (par Crébillon fils) au comte de R***. *S. l. (à la Sphère)*, 1732, 2 part. en 1 vol. in-12, v. fauve, fil.

Exemplaire aux armes de L.-R.-H. de Bréhan, comte de Plélo, mort au siége de Dantzig, en 1734.

473. Histoire des cocus. *La Haye (Paris)*, 1746. — Les Faveurs du Sommeil, histoire traduite d'un fragment grec d'Aristénète (composé par Fr. Turben). *Hier. Printall (Paris)*, 1746, 1 vol. in-12, v. m. fil.

Le premier ouvrage est une histoire espagnole au moins aussi tragique que comique, qui a été tirée, dit-on, d'un roman de Loubassin de Lamarca, intitulé *Enganos deste siglo.*
Exemplaire aux armes du troisième maréchal, duc de Luxembourg (Ch.-Fr.-Fréd. de Montmorency) et de sa première femme, Marie-Sophie de Colbert-Seignelai.

474. Lettres péruviennes, par Mme de Grafigny. *Paris (Fr.-Ambr. Didot)*, 1781, 2 vol. in-18, mar. r. fil. tr. dor. (*Derome.*)

De la collection du comte d'Artois.

475. Lettres d'une Péruvienne, par Mme de Grafigny, nouvelle édition augmentée d'une suite qui n'a point encore été imprimée. *Paris, de l'imprimerie de P. Didot l'aîné*, 1797, 2 vol. gr. in-18, pap. vél., fig. de Lefèvre, mar. r. tr. dor. (*Bozérian.*)

Exemplaire en grand papier vélin, avec les figures avant la lettre.

476. Romans et Contes, par M. de Voltaire. *Paris (Fr.-Ambr. Didot)*, 1780, 6 vol. in-18, mar. r. fil. tr. dor. (*Derome.*)

De la collection du comte d'Artois.

477. La Nouvelle Héloïse, ou Lettres de deux amans habitans d'une petite ville au pied des Alpes, recueillies et publiées par J. J. Rousseau. *Londres*

(*Paris, Cazin*), 1785, 7 vol. in-8, figures de Moreau, mar. vert, fil. tr. dor. (*Anc. rel.*)

Exemplaire en grand papier avec les 12 figures avant la lettre.

478. Les Confessions du comte de ***, par M. Duclos. *Paris* (*Fr.-Ambr. Didot*), 1781, 2 vol. in-18, mar. r. fil. tr. dor. (*Derome.*)

De la collection du comte d'Artois.

479. Bélisaire, par M. Marmontel. *Paris, chez Merlin*, 1767, in-8, papier de Hollande, frontispice et figures de Gravelot, mar. rouge, fil. dos orné, dent. int. tr. dor. (*Derome père.*)

On a ajouté à cet exemplaire les pièces suivantes : *Lettres écrites à M. Marmontel, au sujet de Bélisaire. — Les XXXVII vérités opposées aux XXXVII impiétés de Bélisaire, par un bachelier ubiquiste. Paris,* 1767. — *— Réponse de Marmontel à une lettre de l'abbé Riballier. Pièces relatives à Bélisaire.* 1767. (4 cahiers). — *Lettre de Marmontel à M. Riballier.*

480. Riccoboni (Madame) : Lettres de la comtesse de Sancerre. — Lettres de Milady J. Catesby. — Histoire d'Aloyse de Livarot. *Paris* (*Fr.-Ambr. Didot*), 1780 ; ensemble 4 vol. in-18, mar. r. fil. tr. dor. (*Derome.*)

De la collection du comte d'Artois.

481. Sargines, nouvelle, par M. d'Arnaud. *Paris* (*Fr.-Ambr. Didot*), 1781, in-18, mar. r. fil. tr. dor. (*Derome.*) — Lorenzo, nouvelle, par le même. *Paris* (*Fr.-Ambr. Didot*), 1781, in-18, mar. r. fil. tr. dor. (*Derome.*) — Contes moraux, par Marmontel. *Paris* (*Fr.-Ambr. Didot*), 1780, in-18, mar. r. fil. tr. dor. (*Derome.*)

De la collection du comte d'Artois.

482. Ollivier, poëme, par Cazotte. *Paris* (*Fr.-Ambr. Didot*), 1780, 2 vol. in-18, mar. r. fil. tr. dor. (*Derome.*)

De la collection du comte d'Artois.

483. La Famille vertueuse, ou Lettres traduites de l'anglois, par M. (Restif) de la Bretonne. *Paris, chez la veuve Duchesne*, 1767, 4 vol. in-12, mar. r. fil. tr. dor. (*Rel. angl.*)

484. OEuvres de M. Rétif, 8 vol. in-12, mar. r. fil. tr. dor.

Les 8 volumes reliés sous ce titre contiennent les ouvrages suivants de Restif de la Bretonne. 1º Les Confidences nécessaires, ou Lettres de milord Austin de Norfolk. *Imprimé à la Haie,* 1769, 2 part. en 1 vol. — 2º Le Pied de Fanchette, ou le Soulier couleur de rose. *Imprimé à la Haie,* 1776, 2 part. en 1 vol. — 3º OEuvres choisies de Quevedo, trad. de l'espagnol, contenant le Fin Matois et les Lettres du chevalier de l'Épargne. *La Haie,* 1776, 3 part. — 4º La Femme dans les trois états de fille, d'épouse et de mère. *La Haie,* 1773, 3 part. — Le Ménage parisien, ou Déliée et Sotentout. *La Haie,* 1773, 2 part. — Les Nouveaux Mémoires d'un homme de qualité (avec les Beaux Rèves et le Secret d'être aimé). *La Haie et Paris, Duchesne,* 1774, 2 part

485. Le Paysan perverti, ou les Dangers de la ville, par N. E. Rétif de la Bretonne. *Imprimé à la Haie, et se trouve à Paris, chez Esprit,* 1776 (1784), 8 part. en 4 vol. in-12, fig. — La Paysane pervertie... Les Dangers de la ville, ou Histoire d'Ursule R***. *Imprimé à la Haie, et se trouve à Paris, chez la veuve Duchesne,* 1785, 8 part. en 4 vol. — Les Figures du Paysan et de la Paysane pervertie. Rétif de la Bretonne... invenit; Binet... delineavit; Berthet et Leroy... incuderunt (*Paris,* 1784), 2 part. en 1 vol., ensemble 9 vol. in-12, 120 fig., mar. r. fil. tr. dor. (*Rel. anc.*)

L'édition du *Paysan perverti,* datée de 1776, a dû paraître en 1784, puisqu'on lit au verso du titre du premier volume : « Cette édition est adaptée à *la Paysane pervertie* du même auteur. »
Très-belles épreuves des figures.

486. Le Quadragénaire, ou l'Age de renoncer aux passions (par Restif de la Bretonne). *A Genève, et se trouve à Paris, chez la veuve Duchesne,* 1777, 2 vol. in-12, 15 figures, mar. rouge, fil. tr. dor. (*Rel. anc.*)

L'exemplaire a quelques taches.

487. Le Nouvel Abeilard (par Restif de la Bretonne). *A Neufchâtel, et se trouve à Paris, chez Duchesne,* 1778, 4 vol. in-12, 10 figures, mar. rouge, tr. dor. (*Rel. anc.*)

488. La Vie de mon père (par Restif de la Bretonne). *A Neufchâtel, et se trouve à Paris, chès la veuve Duchesne,* 1779, 2 parties en 1 vol. in-12,

14 figures et 2 petits portr. en médaillon, mar.
rouge, fil. tr. dor. (*Rel. anc.*)

Première édition.

489. La Malédiction paternelle. Lettres sincères et
véritables de N*** (Nicolas) à ses parens, ses amis
et ses maîtresses, avec les réponses (par Restif de
la Bretonne). *Leipsick, et se trouve à Paris, chez
la veuve Duchesne*, 1780, 3 vol. in-12, 3 figures
de Binet, mar. rouge, fil. tr. dor. (*Rel. anc.*)

490. Les Contemporaines, ou Avantures des plus
jolies femmes de l'âge présent (par N. Restif de la
Bretonne). *A Leipsick, et se trouve à Paris, chez la
veuve Duchesne*, 1780-1785, 42 vol. in-12, figures,
mar. rouge, fil. tr. dor. (*Rel. anc.*)

491. La Dernière Aventure d'un homme de qua-
rante-cinq ans (par Restif de la Bretonne). *Genève
et Paris, chez Regnault*, 1733, 2 vol, in-12, 4 fig.
de Binet, mar. r. fil. tr. dor. (*Rel. anc.*)

492. La Prévention nationale, action adaptée à la
scène (par Restif de la Bretonne). *A la Haie, et se
trouve à Paris, chez Regnault*, 1784, 2 vol. in-12,
10 figures, mar. rouge, fil. tr. dor. (*Rel. anc.*)

493. Les Françaises, ou XXXIV exemples choisis
dans les mœurs actuelles, propres à diriger les
filles, les femmes, les épouses et les mères (par
Restif de la Bretonne). *A Neufchâtel, et se trouve
à Paris, chez Guillot*, 1786, 4 vol. in-12, 34 figures, mar. rouge, fil. tr. dor. (*Rel. anc.*)

L'exemplaire a quelques piqûres de vers, au commencement et à la fin des
volumes.

494. La Découverte australe par un homme volant,
ou le Dédale français, nouvelle très-philosophique
(par Restif de la Bretonne). *Imprimé à Leipsick,
et se trouve à Paris, s. d.*, 4 vol. in-12, 23 fig.
mar. r. fil. tr. dor. (*Rel. anc.*)

« Un des plus rares ouvrages de l'auteur... La plupart des exemplaires ont
subi (dans le tome IV) des mutilations exigées par la police. Restif a dû
supprimer les pages 327 à 422, c'est-à-dire cinq des diatribes qui suivaient

celle intitulée *l'Homme de nuit*... Les exemplaires dans lesquels elles se trouvent sont de la plus grande rareté. » (*Bibliographie des ouvrages de Restif de la Bretonne*, par P. L. (*Lacroix*), Paris, 1375, pages 200 et 201).

Les pages supprimées sont dans cet exemplaire, ainsi que les feuillets supplémentaires dont parle M. P. Lacroix.

495. Le Voyage sentimental, ou Ma Promenade à Iverdun, par M. Vernes le fils. *Neuchâtel*, 1786, pet. in-8, mar. r. fil. tr. dor. (*Rel. anc.*)

496. Les Amours du chevalier de Faublas, par J.-B. Louvet, 3° édition, revue par l'auteur. *A Paris, chez l'auteur, an VI de la République* (1798), 4 vol. in-8, 27 figures par Demarne, Mlle Gérard, Marillier, Monsiau et Monnet, mar. citron, dos orné, fil. dent. int. tr. dor. (*Trautz-Bauzonnet.*)

Superbe exemplaire en **PAPIER VÉLIN**, relié sur brochure, avec les figures avant la lettre, dont trois doubles par Marillier, offrant des différences. Cette particularité a été signalée seulement dans le catalogue La Bédoyère, 1862, n° 504.

Les exemplaires en papier vélin sont très-rares.

497. OEuvres complètes de M. le comte Xavier de Maistre. *Paris, Dondey-Dupré*, 1828, 2 tom. en 1 vol. gr. in-8, mar. r. fil. non rogn. (*Rel. angl.*)

Exemplaire en grand papier, avec 3 suites des gravures de Chasselat, avec et avant la lettre, sur chine, et eaux-fortes.

498. Mary Lafon. La Dame de Bourbon, dessins de E. Morin, gravés par H. Linton. *Paris, A. Bourdilliat*, 1860, in-8, vign. et culs-de-lampe, mar. rouge, dos orné, fil. dent. int. tr. dor. n. rog. (*Lortic.*)

Un des 20 exemplaires sur papier de Chine. N° 10.

C. Contes et Nouvelles.

499. Les Nouvelles Récréations et joyeux devis de feu Bonavanture Des Periers, premier valet de chambre de la royne de Navarre. *Lyon, de l'imprimerie de Robert Granjon, mil v^e lviij*, pet. in-4, mar. bl. dos orné, compart. tr. dor. (*Trautz-Bauzonnet.*)

Édition originale, imprimée en caractères de civilité. C'est un livre fort rare et l'un des premiers imprimés avec ces caractères.

Bel exemplaire, grand de marges.

500. Nouvelles Récréalions et Joyeux Devis de Bonavanture Des Periers, varlet de chambre de la
Royne de Navarre. *Rouen, de l'impr. de David du
Petit-Val*, 1615, in-12, mar. vert d'eau, dos orné
et compart. tr. dor. (*Kœhler.*)

Exemplaire de CHARLES NODIER.

501. L'Heptaméron des nouvelles de très-haute et
très-illustre princesse Marguerite d'Angoulême,
reine de Navarre, nouvelle édition, publiée sur
les manuscrits par la société des Bibliophiles françois (avec un Essai sur la vie et les ouvrages de la
reine Marguerite, par Le Roux de Lincy). *Paris*,
1853, 3 vol. in-8, portrait, mar. rouge, fil. dent.
int. tr. dor. fleurs de lis et chiffres de Marguerite.
(*Capé.*)

Édition devenue rare.

502. Les Comptes du monde adventureux, par
A. D. S. D. *Paris, par Estienne Groulleau*, 1555,
in-8, mar. citr. dos orné, dent. tr. dor. (*Trautz-
Bauzonnet.*)

Première édition de ce recueil de contes, très-rare. Bel exemplaire.

503. Le Printemps d'Yver, contenant cinq histoires
discourues par cinq journées, en une noble compagnie, au chasteau du Printemps, par Jacques
Yver, gentilhomme poitevin. *Paris, J. Ruelle*,
1572, in-16, mar. r. dos orné, fil. tr. dorée.
(*Lortic.*)

Première édition.

504. Les Heures perdues de R. D. M. cavalier françois,
dans lequel les esprits mélancoliqnes trouveront
des remèdes propres pour dissiper ceste fâcheuse
humeur. *S. l.*, 1615, in-12, v. f. (*Rel. anc.*)

Première édition. Recueil de 29 nouvelles.

505. Les Heures perdues d'un cavalier françois,
reveues et augmentées. *Paris, Fr. Clouzier*, 1662,
in-12, mar. r. fil. dos orné, tr. dor. (*Trautz-
Bauzonnet.*)

505 *bis*. L'Elite des contes du sieur d'Ouville. *Paris, chez la vefve Trabouillet, 1641, 2 vol. pet.
in-12, mar. citr. fil. dos orné, tr. dor. (Thibaron-Joly.)*

Édition fort rare, non mentionnée par Brunet, qui n'indique que les éditions postérieures de *Rouen, Cabut,* 1680, et de *La Haye,* 1703. C'est le
seul exemplaire que nous ayons encore vu.

Il ne faut pas confondre ce recueil avec les *Contes aux heures perdues* du
sieur d'Ouville, *Paris,* 1644, 4 vol. in-8, comme l'a fait M. Brunet. Ce dernier recueil, où se retrouvent les contes de *l'Elite,* en renferme un bien plus
grand nombre d'autres.

506. Les Récréations françoises, ou Recueil de
contes à rire, pour servir de divertissements aux
mélancoliques et de joyeux entretiens dans les
cours, les cercles et les ruelles. *A Paris, chez la
veuve Edme Pepingué,* 1658, 2 vol. pet. in-8,
mar. rouge, fil. tr. dor. *(Anc. rel.)*

Première édition de ce recueil de contes.

506 *bis*. Histoires plaisantes et ingénieuses, recueillies de plusieurs bons auteurs grecs, latins, espagnols et françois (par le P. Jacques Rinald). *Paris,
Hélie Josset,* 1673, in-8, v. fauve, dos orné, fil.
tr. dor. *(Bedford.)*

Exemplaire en grand papier. Le livre est rare, et c'est peut-être le seul
exemplaire en grand papier.

507. Contes moraux, par M. Marmontel. *Paris,
Merlin,* 1765, 3 vol. in-8, portrait de Marmontel,
par Cochin, gravé par Saint-Aubin, et fig. de
Gravelot, mar. bleu, dos orné, dent. tr. dor.
(David.)

L'illustration de ces contes, une des plus gracieuses œuvres de Gravelot,
se compose de titres gravés et de 23 estampes gravées par Baquoy, Lemire,
Longueil, etc.
Premier tirage.

3. *Romans italiens, espagnols, etc.*

508. Il Decamerone di Messer Giovanni Boccaccio,
nuovamente corretto, per Messer Antonio Bruc-
cioli. *In Venetia, per Gabriel Jolito di Ferrarii,*

1542, pet. in-16, mar. r., dos et plats ornés en plein, tr. dor.

Jolie édition en très-petits caractères, avec lettres ornées.
Charmante reliure française de la fin du seizième siècle à volutes et rinceaux de feuillages, de la plus délicate exécution. Petit chef-d'œuvre de dorure.

509. Il Decamerone di Giovanni Boccaccio, di nuovo emendato secondo li antichi esemplari (con la vita di Boccaccio descritta da Fr. Sansovino). *In Vinegia, appresso Gabr. Giolito de' Ferrari*, 1548, in-4. portr., v. à compart. tr. bleue gaufrée.

Édition donnée par Louis Dolce, et dédiée à la Dauphine de France, Catherine de Médicis. Jolies figures sur bois.
Très-belle reliure du seizième siècle, à riches compartiments en mosaïque de diverses couleurs.

510. Il Decamerone di M. Giovanni Boccaccio. Nuovamente stampato... Aggiunteci le annotationi... di Monsig. Bembo. *In Lione, appresso Guliclmo Rovillio*, 1555, in-16, portr. et 10 jolies fig. sur bois, v. f. à riches compart. à mosaïque, tr. dor. ciselée.

Jolie édition du texte de 1527, faite sous la direction de Fr. Giuntini.
Charmante reliure du seizième siècle, à riches compartiments en couleur, parfaitement conservée. Le plat recto porte ces initiales : I. A. AS. D. D., et le plat verso ce mot abrégé : GRAM., suivi du millésime 1557 qui donne la date de la reliure. On lit sur le titre deux vers latins de la main de l'ancien propriétaire du livre ainsi signés : I. A. à S...
Acquis au prix de 300 fr. à la vente S. G., mars 1869.

511. Il Decameron di messer Giovanni Boccacci. *In Amsterdamo (Dan. Elzevier, à la Sphère)*, 1665, in-12, mar. bl. fil. dos orné, dent. int. tr. dor. (*Derome père.*)

Bel exemplaire. Hauteur : 143 mill.

512. Il Decamerone di M. Giovanni Boccacio. *Londra (Parigi)*, 1757, 5 vol. in-8, frontispices, figures et culs-de-lampe, par Eisen, Gravelot, Boucher, mar. vert., large dent., tr. dor. (*Rel. anc.*)

Superbe exemplaire aux armes de Léopold-Charles DE CHOISEUL, alors évêque d'Evreux et depuis archevêque de Cambrai. Belles épreuves.

R.   S

513. Histoires tragiques extraictes des œuvres italiennes de Bandel, et mises en nostre langue françoise, par Pierre Boaistuau, surnommé Launay, natif de Bretaigne. *Paris, pour Vincent Sertenas,* 1559, in-8, mar. citron, fil. dent. int. tr. dor. (*Bedford.*)

Première édition, qui ne contient que six nouvelles.

514. Question de amor, y Carcel de amor (por Diego di San Pedro). *En Paris, en casa de Hernando Caldera y de Claudio Caldera su hijo,* 1548, 2 part. en 1 vol. pet. in-8, format allongé, mar. noir, ornements en or et à froid. (*Rel. du* XVIe *siècle.*)

Charmant exemplaire dans sa reliure originale, bien conservée.
Très-jolie édition non mentionnée par Brunet, et dont on ne connait pas d'autre exemplaire.

515. La première partie de la Diane de Georges de Monte-Mayor en laquelle par plusieurs plaisantes histoires desguisées souz noms et stil de bergers et bergères sont descrittes les variables et estranges effecls de l'honneste amour, traduite d'espagnol en françois (par N. Colin). — La seconde partie, par Perez, et la troisième partie, par Polo, traduites (par Gabriel Chappuis, Tourangeau). *Paris, Nicolas Bonfons,* 1587, 3 part. en 1 vol. in-12, vélin.

Bel exemplaire, grand de marges.

516. Histoire de François Wills, ou le Triomphe de la bienfaisance, par l'auteur du ministre de Wakefield (Olivier Goldsmith), traduction de l'anglois. *Amsterdam, chez D.-J. Changuion,* 1773, 2 parties en un vol. in-12, mar. rouge, fil. (*Anc. rel. aux armes et chiffres de Louis XV.*)

V. FACÉTIES.

1. *Écrits de divers genres.*

517. Poggii Florentini facetiarum libellus unicus. *Londini,* 1798, 2 vol. in-16, cuir de Russie, fil. n. rog. (*Purgold-Hering.*)

Exemplaire en papier de Hollande. Chaque volume a un second titre portant : *Trajecti ad Rhenum,* 1797.

Le premier volume de cette édition, publiée par Noël, se compose d'imitations en latin et en vers français.

518. Discours d'aucunz propos rustiques facetieux et de singuliere recreation de maistre Léon Ladulfi (Noël du Fail), Champenois, reveus et amplifiez par l'un de ses amys. *Paris, par Estienne Groulleau,* 1548, in-16, mar. bl. dos orné, fil. tr. dor. (*Koehler.*)

Édition de la plus grande rareté.

Exemplaire de Charles Nodier et de Baudeloque.

519. Les Bigarrures du seigneur des Accords (Estienne Tabourot), reveues et augmentées par l'autheur. *Paris, J. Richer,* 1584, in-16, portr. mar. bl. fil. dos orné à petits fers, tr. rouge. (*Rel. anc.*)

Une des premières éditions du premier livre des Bigarrures. Il s'y trouve un portrait gravé sur bois de Tabourot à l'âge de trente-cinq ans.

520. Les Bigarrures du seigneur des Accords (Est. Tabourot), avec les Apophtegmes du sieur Gautard. *Paris, J. Richer,* 1588. — Les Après-Dînées du seigneur de Cholières. *Paris, J. Richer,* 1588, in-12, mar. vert, tr. dor. (*Rel. angl.*)

Les *Après-dinées,* qui sont de la première édition, sont rares.

De la biblioth. Stanley.

521. Les Bigarrures et Touches du seigneur des Accords (Est. Tabourot), avec les Apophtegmes du sieur Gaulard et les Escraignes dijonnoises. *Paris,*

J. Richer, 1603, 5 part. en 1 vol. in-12, fig. sur
bois, mar. orange, fil. tr. dor. (*Hardy-Mennil.*)

C'est la plus ancienne édition des diverses parties réunies.
Exemplaire aux armes et aux chiflres du prince d'Essling fils.

522. Les Statuts, loix et ordonnances de l'invincible
et très-antique monarque Caresme, à l'encontre
des pervers et obstinez ennemis, tant de sa sou-
veraine majesté et infracteurs de ses edictz per-
petuels et irrévocables que de ses confederez
amis et alliez. (A la fin :) *Paris, par Guill. de
Nyverd, s. d.,* in-8 de 8 ff., mar. r. compart. fil.
tr. dor. (*Lortic.*)

Pièce facétieuse, peu connue et dont M. Brunet ne fait pas mention.

523. Thrésor des récréations contenant histoires
facétieuses... propos plaisans et pleins de gaillar-
dises... tant pour consoler les personnes qui du
vent de bise ont été frappez au nez, que pour
récréer ceux qui sont en la misérable servitude du
tyran d'Argencourt. *Rouen, Jean de la Mare,*
1630, pet. in-12, mar. r. fil. tr. dor. (*Rel. anc.*)

A la suite du *Thrésor* se trouve un *Recueil d'énigmes françoises d'Alexandre Silvain et d'autres autheurs.*

524. Discours facétieux et très-récréatif, pour oster
des esprits d'un chacun tout ennuy et inquiétude,
augmenté de plusieurs prologues drolatiques non
encore veuz. *Paris, J. Millot,* 4 ff. lim. 168 p.
— Prologues non tant superlifiques que drolatiques, nouvellement mis en veue. *Paris, J. Millot,*
1609, 2 ff. lim. 108 p., 2 part. en 1 vol. pet.
in-12, mar. br. tr. dor.

525. Prologues tant sérieux que facétieux, avec
plusieurs galimatias, par le sieur D. L. *Imprimé
à Rouen,* 1610, in-12, 2 ff. lim. et 108 pages,
mar. r. dos orné, fil. tr. dor. (*Bauzonnet-Trautz.*)

Ces Prologues sont les mêmes que ceux qui forment la seconde partie du
volume précédent. Les lettres D. L. qui se trouvent sur le titre indiquent
qu'ils sont de Des Lauriers dit Bruscambille. Dans l'*Avis au lecteur* placé en
tête de l'édition, il est dit que ces prologues avaient déjà paru, « mais si
corrompus que l'auteur ne les pouvoit avouer pour légitimes, et que, les ayant

corrigés, il en avoit retranché une trainée de *discours* indignes de voir le jour. » Il semble que c'est au recueil précédent qu'il soit fait ici allusion. Exemplaire de M. B. Delessert. (*Vente de Londres*, 1848.)

526. Les Fantaisies de Bruscambille, contenant plusieurs discours, paradoxes, harangues et prologues facécieux, reveues et augmentées de nouveau par l'autheur. *Paris, chez Jean Millot*, 1615, in-8, front. gravé, mar. citr. fil. dent. int. tr. dor. (*Trautz-Bauzonnet.*)

Seconde édition, ornée d'un curieux frontispice. Bel exemplaire.

527. Les Fantaisies de Bruscambille, contenant plusieurs discours, paradoxes, harangues et prologues facétieux. Reveues et corrigées en cette dernière édition. *Paris, Lambert (Holl.)*, 1668, pet. in-12, mar. vert, tr. dor. (*Duru.*)

Jolie édition, qui se joint à la collection des Elsevier.

528. Les OEuvres de Bruscambille, contenant ses Fantasies, Imaginations et Paradoxes, et autres discours comiques. Le tout nouvellement tiré de l'escarcelle de ses imaginations. *A Rouen, chez Martin de la Motte*, 1626, in-12, mar. citr. dos orné, fil. tr. dor. (*Trautz-Bauzonnet.*)

Bel exemplaire.

529. Péripatétiques Résolutions et remonstrances sententieuses du docteur Bruscambille, aux perturbateurs de l'Estat. *Paris, par Va du cul, gouverneur des singes*, 1619, pet. in-8, 16 pages, mar. r. tr. dor. (*Duru.*)

530. Plaisant Galimatias d'un Gascon et d'un Provençal nommez Jacques Chagrin et Ruffin Allegret. *Paris, P. Ramier*, 1619, in-8, 20 pages, cart.

531. RECUEIL GÉNÉRAL des œuvres et fantaisies de Tabarin. Divisé en deux parties, contenant ses rencontres, questions et demandes facétieuses, avec leurs responses. A cette sixième édition est adjoustée la deuxiesme partie des questions et farces... *Paris, Anthoine de Sommaville*, 1625

(2 parties). — Les Adventures du capitaine Rodomont : Les rates (sic) beautez d'Isabelle et les
inventions folastres de Tabarin, faictes depuis son
départ de Paris jusques à son retour. *Paris, Anthoine de Sommaville*, 1625, 3 part. en 1 vol.
pet. in-12, mar. vert, dos orné, fil. tr. dor. (*Bauzonnet.*)

Bel exemplaire d'une des meilleures éditions de Tabarin. De la biblio·
thèque de M. Vernon Utterson.

532. Recueil général des œuvres et fantaisies de
Tabarin... avec les Rencontres et fantaisies du
baron de Gratelard. *Rouen, Louys du Mesnil
(Holl.)*, 1664, pet. in-12, mar. vert, tr. dorée.
(*Duru.*)

Joli exemplaire de cette édition elzévirienne.
Quoique annoncées sur le titre, les *Rencontres du baron de Gratelard* ne
font point partie de cette édition ; on trouve à la place les *Aventures du capitaine Rodomont.*

533. Les Subtiles et facécieuses Rencontres de J.-B.
disciple du généreux Verboquet, par luy prati-
quées pendant son voyage, tant par mer que par
terre, le tout au contentement des plus mélancoliques. *Paris, de l'imprimerie de J. Martin et de
Jean de Bordeaux,* 1630, in-12, demi-rel.

534. La Gibecière de Mome, ou le Thrésor du ridi-
cule, contenant tout ce que la galanterie, l'histoire
facétieuse et l'esprit égayé ont jamais produit de
subtil et d'agréable pour le divertissement du
monde. *Paris, Anthoine Robinot,* 1644, in-8, front.
gravé, mar. r. compart. dos orné à mosaïque, tr.
dor. (*Lortic.*)

Bel exemplaire d'un livre rare. Avec le joli frontispice gravé par J. Boulanger, qui manque souvent.

535. Le Vagabond, ou l'Histoire et le charactère
de la malice et des fourberies de ceux qui courent
le monde aux dépens d'autruy, avec plusieurs
récits facétieux sur ce sujet pour déniaiser les

simples. *Paris, chez Gervais Aliot,* 1644, in-8, v. fauve. (*Rel. anc.*)

Ouvrage rare, traduit ou plutôt imité de l'italien du frère Giacinto Nobili, dominicain, qui s'est caché sous le nom de Raffaelle Frianora. Il se divise en 38 chapitres, distinguant chaque espèce de fourbes : les béats, les pèlerins, les rebaptisés, les miraculeux, les charlatans, les épileptiques, les ulcérés, etc. La traduction française est accompagnée d'un recueil de 184 petits contes facétieux intitulé : *Entretiens des bonnes compagnies*, ajouté par le traducteur et qui doit être de lui.

Une édition séparée de ces *Entretiens, Troyes*, 1736, porte le nom de Desfontaines, gentilhomme provençal, auteur de romans et de pièces de théâtre du dix-septième siècle.

536. Le Courrier facétieux, ou Recueil des meilleurs rencontres de ce temps. *Lyon, par Paul Burckhart,* 1647, in-8, frontispice gr., mar. rouge, dos orné, fil. dent. int. tr. dor. (*Hardy.*)

Édition non mentionnée par M. Brunet, qui indique comme la première celle de *Lyon, Larivière,* 1650.

537. Les Agréables Divertissemens françois : contenant plusieurs rencontres facétieuses de ce temps. *Paris, chez Jacq. le Gras,* 1654, in-8, mar. rouge, dos orné à petits fers, fil. à comp. sur les plats, dent. int. tr. dor. (*Lortic.*)

538. Le Facétieux Réveille-matin des esprits mélancholiques, ou le Remède préservatif contre les tristes. *Nymègue, de l'impr. de René Smetius,* 1681, pet. in-12, mar. citr. dos orné, fil. tr. dor. (*Trautz-Bauzonnet.*)

539. Roger Bontemps en belle humeur, donnant aux tristes et aux affligés le moyen de chasser leurs ennuis, et aux joyeux le secret de vivre toujours contens. *Cologne, Pierre Marteau (Holl.),* 1670, pet. in-12, front. gr., mar. citr. dos orné, fil. tr. dor. (*Trautz-Bauzonnet.*)

Édition rare. Charmant exemplaire.

540. L'Art de plumer la poule sans crier. *A Cologne, chez Robert le Turc,* in-12, mar. rouge, dos orné, fil. tr. dor. (*Rel. anc.*)

541. Histoire abrégée et très-mémorable du chevalier de la plume noire, écuyer, sire du Hazard,

de la Fortune, de l'Avanture, etc. *Amsterdam,
chez H.-G. Löhner*, 1744, in-12, mar. brun, dos
orné, fil. dent. int. tr. dor. (*Hardy.*)

2. *Dissertations singulières, sur l'amour,*
les femmes, le mariage.

542. PROCESSUS JURIS JOCOSERIUS... in quo continen-
tur. 1° Bart. a Saxoferrato processus Sathanæ
contra D. Virginem, coram judice Jesus ; 2° Jac. de
Ancharano processus Luciferi contra Jesum... cum
commentariis Jac. Ayrer; 3° Martialis Arverni
aresta amorum, cum comment. B. Curtii. *Ha-*
noviæ, typis Villerianis, 1611, un tom. en 2 vol.
in-8, mar. bl., dos orné, fil. tr. dor. (*Rel. anc.*)

Recueil rare. Bel exemplaire du comte de (Brancas) Lauraguais (n° 515
du catal. 1770), avec ses armes sur papier à l'intérieur.

543. Laus Asini tertia parte auctior : cum aliis fes-
tivis opusculis, quorum seriem pagella sequens
indicat (auctore Dan. Heinsio). *Lugd. Batavorum,*
ex officina Elzeviriana, 1629, in-24, titre gravé,
réglé, mar. fauve, écaille, fil. tr. dor. (*Le Gascon.*)

Charmant exemplaire aux armes et aux chiffres du président J.-J. BARIL-
LON. Exemplaire de RENOUARD. (*Catal. de la biblioth. d'un amateur.*)

544. La Disputation de l'asne contre frère Anselme
Turmeda, sur la nature et noblesse des animaux,
faicte et ordonnée par le dict frère Anselme, en la
cité de Tunicz lan 1417. En laquelle le dict frère
Anselme preuve comme les enfants de nostre père
Adam sont de plus grande noblesse et dignité, etc.,
traduicte de vulgaire espagnol en langue fran-
çoyse. *Lyon, par Laurens Luyson, papetier et li-*
braire, 1548, in-16, fig. sur bois, mar. r. tr. dor.
(*Rel. genre Bozérian.*)

Voici le titre de l'original : *Disputata del ase contra frare Enselm Tur-*
meda sobre la natura et nobleza dels animals, ordenat per lo dit Enselm.
Barcelona, 1509, in-4. (*Bibl. Colomb.,* 3861.)

Le traducteur français dit dans sa préface « que ledict livre est escrit en
vraye langue cathalaine, qui est fort barbare, estrange et esloignée du vray
langage castillain ».

545. Questions diverses et responces d'icelles divisées en trois liures, à sçavoir : Questions d'amour.
Questions naturelles. Questions morales et politiques, nouvellement traduites de tuscan en francoys. *A Paris, pour Robert le Mangnier*, 1572,
in-16, v. fauve, fil. dent. int. tr. dor. (*Bedford.*)

546. Le Febricitant philosophe : ou l'Eloge de la
fièvre quarte; où il est doctoralement prouvé le
bonheur de l'avoir, les avantages qui en résul-
tent..., traduit du latin de Guillaume Menape,
savant docteur en médecine, par M. de Gueude-
ville. *A la Haye et à Francfort sur Meyn*, 1743,
in-12, front. gr., réglé, mar. citr. fil. or et orn. à
froid, tr. dor. (*Thouvenin.*)

547. Paradoxes, ou les Opinions renversées de la
plupart des hommes... par le docteur incognu.
Rouen, J. Cailloué, 1638, in-12, fig. sur le titre,
mar. r. fil. dos orné, tr. dor. (*Lortic.*)

Ce sont les *Paradoxes* imités de l'italien par Ch. Estienne, mais dont le
style a été rajeuni, et auxquels ont été ajoutés les paradoxes XXVII et XXVIII:
la Folie cause de la génération des hommes et *Que la vraye richesse consiste
en vertu et en contentement.*

548. Paradoxe contre les lettres. *Lyon, par Jean de
Tournes*, 1545, pet. in-8 de 31 pages, mar. citr.
filets à froid, ornements, tr. dor. (*Lortic.*)

Opuscule rare.

549. Les Déclamations, procédures et arrests d'a-
mours, donnez en la cour et parquet de Cupido,
à cause d'aucuns différens entenduz sur ceste
police. *Lyon, par Benoist Rigaud*, 1581, in-16, v.
f. fil.

Édition rare des Arrêts d'amour de Martial d'Auvergne, contenant les *cin-
quante-deux arrêts* et *l'ordonnance concernant le fait des masques.*
Exemplaire entièrement NON ROGNÉ et parfaitement conservé, unique
probablement dans cet état.

550. Les Arrêts d'Amour, avec l'Amant rendu cor-
delier, par Martial d'Auvergne, accompagnez des
commentaires de Benoist de Court; édition aug-

mentée de notes et d'un glossaire des anciens
termes (par Lenglet Du Fresnoy). *Amsterd.*, 1731,
2 vol. in-12, mar. r. fil. tab. tr. dor. (*Rel. anc.*)

551. Le Triumphe des dames. (A la fin :) *Cy finist
le Triumphe et exaltation des dames. Imprime nouvellement a Paris pour Pierre Sergent demourant
en la rue Neufve Nostre Dame a lenseigne Sainct
Nicolas (s. d.).* In-4, goth., fig. sur bois sur le titre,
mar. bl. compart. tr. dor. dos orné. (*E. Niedrée.*)

Livre des plus rares imprimé vers 1530. 22 feuillets, sign. A.-E.
En tête de l'ouvrage se trouve un prologue adressé au duc de Bourgogne dans lequel *Vasquemada de l'ille Lobes, Portingalois,* dit que cet
ouvrage a été composé par un gentilhomme espagnol, nommé Jehan Ro-
drigue de la Chambre, et qu'il l'a fait translater en langage français par un
sien ami. On croit que celui-ci, dit **M.** Brunet, est *Ferdinand de Lucenne.*
Le vrai nom de l'auteur est Juan Rodriguez del Padron ou de la Camera,
troubadour espagnol sur lequel on trouve une longue notice dans les notes
du *Cancionero* de Baena.
Cet exemplaire, très-bien conservé, a appartenu à **R.** Heber, à **Aimé-**
Martin qui l'a fait relier, et à **B.** Delessert (vente faite à Londres, en 1848).

552. Le Champion des femmes qui soutient qu'elles
sont plus nobles, plus parfaites, et en tout plus
vertueuses que les hommes, contre un certain
misogynes anonyme, auteur et inventeur de l'Im-
perfection et malice des femmes, par le chevalier
de l'Escale. *Paris, chez la veuve M. Guillemot,*
1618, in-12, mar. rouge, fil. dos orné, tr. dor.
(*Rel. anc.*)

553. Tableau historique des ruses et subtilitez des
femmes, où sont naïfvement représentées leurs
mœurs, humeurs, tirannies, tromperies... le tout
confirmé par histoires arrivées de nostre temps...
par L. S. R. (le sieur Rolet). *Paris, Rollet-Bou-
tonné,* 1623, in-8, mar. citr. tr. dor.

Exemplaire de White-Knights (marquis de Blaudford).

554. Hippolytus redivivus, id est Remedium con-
temnendi sexum muliebrem. Autore S. I. E. D.
V. M. W. A. S. Anno M.DC.XLIV. *S. l.*, pet. in-12,
vélin, dos orné, dent. non rogné.

555. **Sensuyt les quinze joyes de mariage** nouvellement imprimees a Paris. (A la fin :) *Cy finissent les quinze joyes de mariage nouvellement ont este imprimees a Paris en la rue neufve nostre Dame a lenseigne Sainct Jehan Baptiste pres Saincte Geneviefve des Ardans.* (*S. d.*), in-4 goth., à 2 col. fig. sur bois sur le titre, mar. citr. ornem. du milieu à mosaïque, tr. dor. (*Trautz-Bauzonnet.*)

Édition restée inconnue à M. Brunet. Elle se compose de 24 feuillets, sign. A.-Fiij. L'adresse de l'imprimeur qu'elle porte est celle de Jean Jehanot qui cessa d'imprimer en 1521.
Superbe exemplaire grand de marges, avec témoins.

556. **Les Quinze Joyes de mariage, ouvrage très-ancien auquel on a joint le Blason des fausses amours, le Loyer des folles amours et le Triomphe des Muses contre Amour. Le tout enrichi de remarques par Le Duchat.** *La Haye , A. de Rogissart*, 1726, in-12, mar. r. fil. tr. dor. (*Derome.*)

VI. PHILOLOGIE.

Critique, Satires, Proverbes, Emblèmes, etc.

557. **Stephani Nigri** viri eruditiss. dialogus, quo quicquid in græcarum literarum penetralibus reconditum quod ad historiæ veritatem, ad fabulatum oblectamenta... His accedunt Philostrati heroica ab eo tam ad amussim latinitati donata. *Mediolani, in officina Minutiana*, 1517, in-fol. réglé, mar. bl. fil. tr. dor. (*Padeloup.*)

Première édition, très-rare.
Ce livre est dédié à J. Grolier ; outre la dédicace en prose, en deux pages, il se trouve en tête du volume quinze vers adressés au célèbre bibliophile.
Bel exemplaire aux armes et aux chiffres du comte D'HOYM (vente Potier, 1870).

558. **Mélanges d'histoire et de littérature, recueillis par M. de Vigneul-Marville (Bonav. d'Argonne).** *Imprimé à Rouen, Paris, chez Claude Prudhomme,*

1701, 3 vol. in-12, mar. rouge, fil. tr. dor. (*Rel. anc.*)

559. Mémoires politiques, amusans et satiriques de Messire J. N. D. B. C. de L. (Jean-Nicole Moreau de Brasey). *Veritopolis, chez Jean disant vrai* (*Amsterdam, Roger*), 1735, 3 vol. in-12, planches, mar. rouge, fil. tr. dor. (*Anc. rel.*)

560. Des Satyres personnelles, traité historique et critique de celles qui portent le titre d'Anti (par Baillet). *Paris, Ant. Dezaillier*, 1689, 2 vol in-12, mar. bl. tr. dor. (*Rel. anc.*)

561. Epistolarum obscurorum virorum ad D. M. Ortuinum Gratium volumina II (auctore Ulrich de Hutten [Epistola magistri Ben. Passavantii ad P. Lysetum. Et la complainte de P. Lyset sur le trespas de son feu nez). *Londini, H. Clement*, 1710, in-12, mar. rouge, fil. tr. dor. (*Derome.*)

Très-joli exemplaire.

562. Anti-Choppinus, seu Epistola congratulatoria M. Nicodemi Turlupini ad M. Renatum Choppinum S. Vnionis hispano-gallicæ advocatum incomparabilissimum , cui accesserunt Epistola M. Benedicti Passavantii responsiva ad commiss. sibi datum a ven. D. P. Lyseto; et Matagonis de Matagonibus monitoriale adversus Italo-Galliam Ant. Matharelli, itemque Strigilis Papirii Massoni. *Wiliorbani*, 1593. — Lectura super canone de consecr. dist. III de aqua benedicta, per Rev. DD. Ger. Busdragum. *Williorbani*, 1594; 5 part. en 1 vol pet. in-8, mar v. tr. dor. (*Duru.*)

Attribué à Jean de Villiers-Hotman. Ouvrage satirique, rare, écrit en prose macaronique et pédantesque. C'est ici l'édition la plus complète.
Exemplaire de Ch. Nodier.

563. Cymbalum Mundi, ou Dialogues satiriques sur différents sujets, par Bonaventure des Périers. *Amsterdam, chez Prosper Marchand*, 1732. — Catéchisme des nouveaux disciples de S. Augus-

tin, tiré de leurs ouvrages, réflexions sur le même
catéchisme, avec les éloges non suspects qu'ont
donnés à leurs auteurs des personnes les plus at-
tachées à leur religion. *A Utrecht*, 1732 ; — ens.
2 ouvr. en 1 vol. in-12, v. fauve, fil.

Aux armes de L.-R. de Bréhan, comte de Plelo.

564. APOLOGIE POUR HÉRODOTE, ou Traité de la con-
formité des merveilles anciennes avec les modernes, par H Estienne, nouvelle édition augmentée de remarques par M. Le Duchat. *La Haye*,
H. Scheurleer, 1735, 2 tom. en 3 part. pet. in-8,
fig., mar. citr. fil. tr. dor. (*Padeloup.*)

Bel exemplaire de Randon de Boisset et ensuite de **M. J.** de Noailles, duc
de Poix. La reliure est siguée *Padeloup, relieur du roi, place Sorbonne.*

565. Le Grand Dictionnaire des prétieuses, historique, poétique, géographique, cosmographique,
cronologique et armoirique : par le sieur (Bau-
deau) de Somaize. *A Paris, chez Jean Ribou, sur
le quay des Augustins, à l'image S. Louis*, 1661,
2 vol. pet. in-8, frontispice gravé, v. m.

566. Histoire de Pierre de Montmaur, professeur
royal en langue grecque dans l'université de Paris, (écrits satiriques recueillis) par M. de Sal-
lengre. *La Haye,* 1715, 2 vol. in-8, v. gran. fil.
tr. dor.

Exemplaire aux armes et au chiffre de P. Prondre de Guermante, président de la Chambre des comptes. (*Armor. des bibliophiles, par Guigard.*)

567. Lettres persanes, par M. de Montesquieu. *Paris (Fr.-Ambr. Didot)*, 1782, 3 vol. in-18, mar.
r. fil. tr. dor. (*Derome.*)

De la collection du comte d'Artois.

568. Johannis Stobæi sententiæ, ex Thesauris Græ-
corum collectæ... per Conrad. Gesnerum latinitati donatæ. *Parisiis, apud Martinum Juvenem*,
1552, in-16, réglé, v. à compart. de couleurs, tr.
dor. et gaufrée.

Très-jolie reliure du XVIᵉ siècle, à mosaïque, avec figures emblématiques
au centre des plats.

569. Les Apophthegmes, c'est à dire prompts, sub-
tilz et sententieux dictz de plusieurs roys, chefz
d'armée, philosophes et autres grans personnaiges,
tant Grecz que Latins, translatez de latin en françoys par l'Esleu Macault, notaire, etc. *A Paris,
chez l'Angelié*, 1547, in-16, mar. bleu, tr. dor.
(*Rel. angl.*)

570. LES PROVERBES | COMMUNS. (A la fin :) *Cy finiet
les proverbes communs qui | sont en nombre sept
cens quatre vingtz et | deux. S. l. ni d.*, in-4, goth.
17 ff. à 28 lig. par page, mar. r. compart. tr. dor.
(*Capé.*)

Édition fort rare imprimée à la fin du XVe siècle et probablement la plus
ancienne de ce recueil de proverbes formé par J. de la Véprie, prieur de
Clairvaux (*Brunet, Man. du libr.*).
Bel exemplaire de La Vallière et d'Hibbert. Acheté à la vente Smith
Piggot et relié depuis.

571. Les Illustres Proverbes nouveaux et historiques, expliquez par diverses questions curieuses
et morales, en forme de dialogues, qui peuvent
servir à toutes sortes de personnes pour se diver-
tir agréablement dans les compagnics, etc. *Paris,
chez N. Pepingué*, 1665, 2 vol. in-12, mar. rouge,
jans. dent. int. tr. dor. (*Chambolle-Duru.*)

Seconde édition.
On a ajouté à cet exemplaire une grande planche pliée, représentant les
proverbes en action. Cette planche appartient à la première édition qui ne
contient à peu près que le tiers de celle-ci.

572. Proverbes en rimes, ou Rimes en proverbes...
tirés en substance tant de la lecture des bons livres que de la façon ordinaire de parler... par Le
Duc. *Paris, Gabr. Quinet*, 1665, 2 vol. in-12, mar.
r. fil. dos orné, tr. dor. (*Bedford.*)

573. Pensées de Christine, reine de Suède, avec une
notice sur sa vie. *A Paris, chez Ant.-Aug. Renouard*, 1825, in-12, pap. vélin, texte encadré de
filets rouges, mar. bleu, dos orné, fil. int. tr. dor.
(*Lortic.*)

574. Arlequiniana, ou les Bons Mots, les Histoires plaisantes et agréables recueillies des convérsations d'Arlequin (par Cotolendi). *Suivant la copie à Paris, chez Florentin et Pierre Delaulne (Holl.)*, 1694, in-12, frontispice représentant Arlequin, mar. citr. fil. dent. int. tr. dor. (*Bedford.*)

575. D. Alciati Emblematum libri duo. *Lugduni, apud Joan. Tornæsium*, 1549, in-16, jolies fig. sur bois, mar. r. compart. tr. dor. (*Rel. du xvi° siècle.*)

576. Emblemata, cum aliquot nummis antiqui operis, Joannis Sambuci. *Antuerpiæ, ex officina Christ. Plantini*, 1654, in-8, nombr. fig. sur bois , mar. brun, dent. int. tr. dor. (*Trautz-Bauzonnet.*)

Première édition de ces Emblèmes.

577. Hadriani Junii Medici Emblemata. Eiusdem ænigmatum libellus. *Antuerpiæ, ex officina Christophori Plantini*, 1566, in-8, 57 fig. sur bois, mar. rouge, milieu orné, dent. int. (*Trautz-Bauzonnet.*)

Exemplaire NON ROGNÉ et parfaitement conservé.

578. Dichos Lindos y Galanes Italianos y Hespañoles para las famosas y mas señaladas damas y señoras de Francia. *S. l. ni d.*, in-8, mar. ol.

C'est un recueil de devises pour les dames de la cour, dédié à la reine Anne d'Autriche par un sieur La Graveta. Chaque devise est dans un cartouche gravé de forme ronde, où se trouve le chiffre de la Reine.

Le volume est parsemé de fleurs de lis sur le dos et sur les plats à l'extérieur et à l'intérieur, avec les armes de la reine. Ces ornements étaient argentés, mais ils sont devenus noirs.

VII. DIALOGUES. — ÉPISTOLAIRES.

579. QUATRE (NEUF) DIALOGUES faits à l'imitation des anciens, par Oratius Tubero (La Mothe Le Vayer). *A Francfort, par Jean Sarius*, 1506 (1606), 2 tom. en 1 vol. in-4, mar. rouge, fil. tr. dor. (*Bozet.*)

Très-bel exemplaire de la bibliothèque de madame de Pompadour, avec ses armoiries mises sur les plats. On y a ajouté le portrait de l'auteur par Cl. Mellan.

580. Dialogues satyriques et moraux, par M. Petit.
Amsterdam, P. Mortier, 1688, in-12, v. f. fil.

581. C. Plinii Secundi Epistolarum libri X, et Panegyricus. *Lugd. Batavorum, ex officina Elseviriorum*, 1640, pet. in-12, mar. vert, dent. int. tr. dor. (*Trautz-Bauzonnet.*)

Très-joli exemplaire. H. 127 m. 1/2.

582. Les Lettres d'Estienne Pasquier, conseiller et advocat général du Roy en la Chambre des comptes à Paris. *Lion, pour Jean-Antoine Huguetan,* 1607, 1 tome en 2 vol. in-16, mar. citr. tr. dor. (*Rel. angl.*)

583. Les Lettres (et Poésies) de M. de Voiture. *Nimwege, chez André Hogenhuyse*, 1660, 2 part. en 1 vol. pet. in-12, mar. rouge, chiffres, tr. dor. (*Capé.*)

Jolie édition que M. Pieters (Ann. des Elsev., page 210) croit avoir été imprimée par les Elsevier. C'est celle qu'il recommande de préférence à toute autre pour la collection. H.: 130 mill. 1/2.

584. Lettres de la mère Agnès Arnauld, abbesse de Port-Royal, publiées sur les textes authentiques, avec une introduction, par M. P. Faugère. *Paris, Benj. Duprat*, 1858, 2 vol. in-8, mar. bleu, dent. int. tr. dor. (*Duru.*)

585. Lettres, Opuscules et Mémoires de Madame Périer et de Jacqueline, sœurs de Pascal, et de Marguerite sa nièce, publiés par M. P. Faugère. *Paris, Aug. Vaton*, 1845, in-8, mar. bleu, dent. int. tr. dor. (*Duru.*)

586. Lettres de Madame de Sévigné à sa fille et à ses amis, édition revue et publiée par Silvestre de Sacy. *Paris, Techener*, 1861, 11 vol. gr. in-18, et 1 fasc., portraits, br.

Exemplaire en PAPIER DE HOLLANDE

587. Lettres d'amour d'une religieuse (portugaise) escrites au chevalier de C. (Chamilly [traduites par de Guilleragues]), édition nouvelle, augmen-

tées de celles dudit chevalier. *Cologne, P. Marteau (Hollande, à la Sphère)*, 1681, pet. in-12,
mar. r. fil. tr. dor. (*Bedford.*)

588. Lettres de Madame P., née C., à la Grande-
Rivière, et habitante au Trou, quartier du Cap
François, isle Saint-Domingue, à Monsieur L.,
habitant au Cap-François. *Au Cap-François*,
1782, pet. in-12 de 30 p. mar. r. dos orné, fil.
tr. dor. (*Bauzonnet-Trautz.*)

Petit livre fort rare. Exemplaire de Libri. (Catal. 1847, n° 2525. Vendu
65 fr.)

VIII. POLYGRAPHES.

Polygraphes latins et français.

589. M. Tullii Ciceronis Opera omnia, cum Gru-
teri et selectis variorum notis, accurante Schre-
velio. *Amstelodami, apud Ludovicum et Danie-
lem Elzevirios*, 1661, 2 vol. in-4, réglés, mar. r.
dos orné, fil., doublé de mar. r. dent. tr. dor.
(*Du Seuil.*)

Superbe exemplaire dans une excellente reliure de Du Seuil, aux armes,
appliquées après coup, d'Emmanuel-Henri-Timoléon de Cossé-Brissac, abbé
de Fontfroide, agent général du clergé de France, et depuis évèque de
Condom.

Cet exemplaire est pareil pour la reliure à celui de M. J.-J. de Bure,
vendu 3020 fr., chez M. L. Pasquier (février 1875).

590. Adriani Turnebii adversariorum libri. *Parisiis,
ex officina Gabrielis Buonii*, 1564, 2 vol. in-4,
v. à riches compart. tr. dor. (*Rel. du xvi° siècle.*)

On a dit de ce recueil d'observations sur un très-grand nombre de passages d'auteurs grecs que c'était un trésor d'érudition.

Belle reliure du xvi° siècle, avec riches compartiments à la Grolier.

Cet exemplaire a appartenu à Michel Delacour Damonville, amateur du
xviii° siècle, qui y a ajouté son portrait gravé par Ficquet. On lit cette légende au bas : « Michael Delacour natus Bœnio Vastiniensi in Provincia
anno 1690. »

591. Recueil de pièces sur la mort d'Adrien Tur-
nèbe, lecteur du Roi et célèbre professeur de lit-

térature grecque et latine au Collége de France,
en 1 vol. in-4, rel. en vélin.

In tristissimum Adriani Turnebi morbum Academiæ prosopopœia. Ponebat Cl. Roilletus Belnensis. *Parisiis*, 1565. — In Tristiss. Ad. Turneb Obitum Epicedion, auctore Leodegario à Quercu. *Parisiis*, 1565. — Ad. Turnebi Tumulus (en vers grecs, latins et français, par Passerat, Ronsard et d'Elbène). — Jac. Prevosteau de Obitu Adr. Turnebi Elegia, 1565. — *Parisiis*, 1565· — De Adr. Turnebi Morte Dialogismus, autore Mich. Ripantio Parisiensi, 1565. — De immaturo Adr. Turnebi obitu, N. Chytræi Carmen. Parisiis, 1565. — In Adr. Turnebi Obitum græco-latino-gallica carmina..... auctore Philb. Milesio Campano Vitriacensi. *Parisiis*, 1565. — Complaincte sur la mort d'Adr. Turnebe, par J. Guersent. *Paris*, 1565. — Complainte sur ceux qui se sont efforcez de violer la bonne renommée d'Adr. Turnebe, par Fr. Le Picard de Caux. *Paris*, 1565. — De Obitu Adr. Turnebi Nænia, autore Fr. le Picard. *Parisiis*, 1565. — De immaturo Adr. Turnebi Obitu J. Morisotii Carmen. *Parisiis*, 1565. — In Adr. Turnebi obitum J. Passeratii Elegia. *Parisiis*, 1565. — In Ad. Turnebi Obitum, Nænia, D. Lambino Monstrol. auct. *Parisiis*, 1565.

Ce volume a fait partie de la bibliothèque d'Émeric Bigot dont les armes sur papier sont collées à l'intérieur de la reliure.

591 *bis*. Opuscules divers de Louis Le Roy, dit Regius, professeur au Collége de France, né à Coutances. In-4, rel. en vélin.

Ad illustr. reginam D. Catharinam Medicem, Francisci II, Franciæ Regis, matrem, consolatio Lud. Regii... in morte Henrici Regis ejus mariti... Additus est liber epistolarum ejusdem. *Parisiis*, 1560. — Lud. Regii Constantini selectiores aliquot epistolæ. *Parisiis*, 1559.— L. Regii oratio ad invict. principes Henricum II. Franc. et Philippum Hisp. reges, de pace et concordia... *Parisiis*, 1559. — L. Regii Orationes duæ, habitæ Parisiis mense octobri, 1575... *Lutetiæ*, 1576.

592. P. Pithœi Opera sacra, juridica, historica, miscellanea. *Parisiis, ex off. Nivelliana, apud Seb. Cramoisy*, 1609, in-4, mar. vert, tr. dor. (*Aux armes de J.-A. de Thou.*)

Ce livre contient les *Mémoires des comtes de Champagne et de Brie* (en français).

Exemplaire en grand papier. On a ajouté à la fin : *Consultatio de confiscatione bonorum ex caussa perduellionis... Florentiæ*, 1587. — *Extraict des registres de la court de justice ordonnée par le Roy en ses pays et duché de Guyenne, du jeudy 26 may*, 1583.

593. Olympiæ Fulviæ Moratæ, fœminæ doctissimæ, Opera omnia (cura Cœlii Secundi Curionis). *Basileæ, ex officina Petri Pernæ*, 1580, in-8, vélin blanc, tr. dor.

Bel exemplaire de J.-A. DE THOU, et à ses premières armes.

Olympia Morata, jeune, belle et savante Italienne qui avait adopté les doctrines de Calvin, brillait à la cour de Renée de France, duchesse de

Ferrare, vers le milieu du xvie siècle. J.-A. de Thou, qui professait pour elle une grande admiration, en parle dans ses mémoires, et il la proclame l'égale des plus nobles femmes de l'antiquité.

594. Le Second Enfer d'Estienne Dolet (deux Dialogues de Platon, la Manière de bien traduire d'une langue en autre, l'Avant-Naissance de Cl. Dolet, etc., publ. par M. Aimé-Martin). *Paris, Techener* (1830), 2 tom. en 1 vol. pet. in-8, mar. br. compart. tr. dor. (*Clarke et Bedford.*)

Publication tirée à 120 exempl. Celui-ci est un des dix sur papier vélin. On y a ajouté : *Procès d'Est. Dolet, imprimeur à Lyon* (publ. par M. Taillandier). *Paris, Techener*, 1836.

595. Le Pourmenoir de Monsieur de Montaigne, par sa fille d'alliance (et autres pièces de Mlle de Gournay). Edition troisiesme plus ample que les précédentes. *Paris, Abel l'Angelier,* 1599, pet. in-12, portrait ajouté, mar. bl. fil. tr. dor.

Petit recueil rare. La pièce principale, *le Pourmenoir de M. de Montaigne*, est une petite histoire romanesque, ainsi nommée par Mlle de Gournay, parce qu'elle la raconta à Montaigne dans une promenade qu'ils firent ensemble. Les autres pièces sont des vers. L'éditeur a ajouté, à la fin, la préface de l'édition des *Essais*, 1595, que Mlle de Gournay a supprimée dans les éditions suivantes. « La lacune qui paraît exister dans ce volume entre les pages 78 et 111 n'est qu'apparente, car les signatures se suivent. » (*Man. du libr.*)

596. Le Palais des curieux, auquel sont assemblées plusieurs diversitez pour le plaisir des doctes (par Beroalde de Verville). *Paris, chez la veuve M. Guillemot,* 1612, in-12, v. f. (*Rel. anc.*)

Sur le titre la signature de BALLESDENS.
C'est un recueil de dissertations sur divers sujets, mais surtout historiques, philologiques, archéologiques, etc.

597. OEuvres de M. Scarron, édition revue et augmentée de l'histoire de ses ouvrages, d'un discours sur le style burlesque, et de quantité de pièces. *Amsterdam, J. Wetstein,* 1752, 7 vol. pet. in-12, portr., fig. gr. par Folkema, mar. r. tr. dor. (*E. Niedrée.*)

Exemplaire relié sur brochure et rempli de témoins.

598. Harangues, Discours et Lettres de Messire Nicolas Fardoil... ci-devant président en la cour de

Parlement de Rouen. *Paris, Sébastien Cramoisy*, 1665, in-4, mar. r. compart. de filets, tr. dor.

Exemplaire aux armes et aux chiffres du chancelier SÉGUIER.

599. Ouvrages de prose et de poésie des Srs de Maucroy (*sic*) et de la Fontaine. *Paris, Cl. Barbin*, 1685, 2 vol. in-12, mar. rouge, compart. de fil. doublé de mar. rouge, compart. tr. dor. (*Rel. anc.*)

Le tome 1er se compose d'ouvrages de La Fontaine : savoir : dix fables nouvelles dont : *la Folie et l'Amour ; Daphnis et Alcimadure ; Philémon et Baucis ; les filles de Minée*, etc.; de plusieurs contes : *la Clochette, le Fleuve Scamandre*, etc., etc.

Le tome II est intitulé : *Traduction des Philippiques de Démosthènes, d'une des Verrines de Cicéron*, etc. *par M. de Maucroy*.

Dans son avertissement, La Fontaine dit que l'assemblage de ce recueil n'a pas d'autre cause qu'une ancienne amitié. « Sans s'arrêter à ses poésies qui ne sont pas assez importantes, dit-il, pour faire dessus des réflexions », il s'étend longuement sur les ouvrages de son ami qui cependant, sans l'adjonction des siens, seraient complétement inconnus maintenant.

Les deux volumes, qui sont dans une reliure du temps, doivent avoir appartenu à une personne de la famille royale, car ils sont fleurdelisés sur le dos, sur les plats et à l'intérieur de la reliure.

600. OEuvres choisies de feu M. (Bernard) de La Monnoye (précédées de mémoires sur La Monnoye, par Rigoley de Juvigny). *La Haye, Ch. Le Vier ; et Paris, Saugrain*, 1770, 3 vol. in-8, portr. mar. r. dos orné, fil. tr. dor. (*Derome.*)

Très-belle et très-fraiche reliure.

601. OEuvres de M. l'abbé de Saint-Réal, nouvelle édition, revue, corrigée et augmentée, enrichie de figures en taille-douce et de vignettes. *A Amsterdam, chez Fr. l'Honoré*, 1740, 6 vol. in-12, frontisp. par Dubourg, mar. citr. fil. tr. dor. (*Reliure ancienne.*)

602. OEuvres mêlées de M. L. Dutens, de la Société royale de Londres, et de l'Académie royale des inscriptions et belles-lettres de Paris. *Genève, chez Bonnant*, 1784, in-8, v. fauve, fil. tr. dor. (*Derome.*)

Exemplaire en papier de Hollande.

603. Le Fond du sac renouvelé, bigarrures et passe-temps critiques de l'Aristénète français (F. Nogaret). *Paris, L. Pelletier,* 1803, 3 vol. in-8, pap. vélin, demi-rel. non rogn. *(Bradel.)*

Avec envoi autographe de F. Nogaret à M. de Rémusat, préfet du Palais.

604. Discours et opinions, journal et souvenirs de S. Girardin. *Paris, Moutardier,* 1828, 2 vol. in-8, pap. vélin, mar. rouge, fil. dent. tr. dor. *(Simier.)*

Exemplaire aux armes de Louis-Philippe, duc d'Orléans, portant sur le titre cette mention « Offert à S. A. R. M. le duc d'Orléans par la veuve et es enfants de S. Girardin. »

605. Recueil de quelques pièces nouvelles et galantes tant en prose qu'en vers. *Utrecht, chez Antoine Schouten,* 1699, pet. in-12, v. br. *(Aux armes de Caumartin Saint-Ange.)*

Bel exemplaire d'un recueil rare et curieux, qui n'a de commun avec celui imprimé à Cologne en 1663 et 1667, sous ce même titre, que le Voyage de Chapelle et Bachaumont. Parmi les pièces qui se trouvent à la suite du voyage on remarque dix contes en vers, dont *les Quiproquo* de La Fontaine, *le Rossignol,* etc.

605 *bis*. Collection de petits classiques françois, publiée aux frais et par les soins de Charles Nodier et N. Delangle, et imprimée avec les caractères de Jules Didot aîné. *Paris, N. Delangle,* 1825-26, 8 tom. en 4 vol. gr. in-16, mar. bl. dent. int. tr. dor. *(Duru).*

Contenant : Conjuration de Fiesque, par le cardinal de Retz. — Madrigaux de M. de La Sablière. — Relation des campagnes de Rocroy et de Fribourg, par Henri de Bessé, sieur de la Chapelle-Milon. — La Guirlande de Julie, 1826. — Œuvres choisies de Sarrazin. — Œuvres choisies de Sénecé. — Voyage de Chapelle et de Bachaumont. — Diverses poésies du chevalier d'Aceilly.
Bel exemplaire de M. le comte d'AUFFAY.

HISTOIRE.

—

I. GÉOGRAPHIE. — VOYAGES.

606. Pomponius Mela, de totius orbis descriptione. Nunquam antea citra montes impressus (marque de Jehan Petit). (Ad finem :) *Anno salutiferæ incarnationis* MDVII, *impressum est hoc opus per Eg. Gormuntium et per Torinum Buturicum diligentiss. recognitum. Parrhisiis*. In-4, cart.

Exemplaire rempli de témoins. Cette édition est le premier travail littéraire de Geofroy Tory. Il le fit pour le libraire Jean Petit, et il fut imprimé chez Gilles de Gourmont à cause des mots grecs qui s'y trouvent.

607. Itinerarium provinciarum omnium Antonini Augusti, cum fragmento et indice, edente God. Torino. *Parisiis, H. Stephanus* (1512), in-16, caract. ronds, rouges et noirs, mar. bl. tr. dor. (*Duru.*)

Première édition, très-rare, publiée par Geofroy Tory et dédiée à Ph. Babou de Tours. Joli exemplaire.

608. Voyages en zigzag, ou Excursions d'un pensionnat en vacances dans les cantons suisses et sur le revers italien des Alpes, par Rod. Topffer. *Paris*, 1844, gr. in-8, fig. doré en tête, n. r. — Nouveaux Voyages en zigzag, à la Grande Chartreuse, autour du Mont-Blanc... à Gênes et à la Corniche, par le même. *Paris, Garnier*, 1858, gr. in-8, fig., demi-rel. mar. v. doré en tête, n. r.

609. Relation nouvelle d'un voyage de Constantinople (par G.-J. Grelot), enrichi de plans levez par l'auteur et de figures. *Paris, Pierre Rocolet*, 1680, in-4, fig., mar. rouge, fil. tr. dor.

Livre recherché à cause des plans et figures, qui passent pour être très-exacts.

Aux armes et au chiffre du prince EUGÈNE DE SAVOIE.

610. Relation d'un voyage du Levant fait par ordre du roi... avec les plans des villes et des lieux considérables; le génie, les mœurs, le commerce et la religion des peuples... l'explication des médailles et des monumens antiques..., par M. Pitton de Tournefort. *Paris, de l'Imprimerie royale,* 1717, 2 vol. in-4, front., plans et nombr. figures, mar. bleu, dentelles fleurdelisées, tr. dor.

Bel exemplaire en papier fin, aux armes de LOUIS XIV.

611. LE LIVRE APPELLE MANDEVILLE. *Lyon, Barthelemy Buyer,* 1480, pet. in-fol. goth. à 2 col. mar. r. tr. dor. (*Thibaron.*)

Le volume commence ainsi :

> Ce livre est appelle
> mandeville Et fut fait et
> compose par Mous (*sic*) iehā
> de mandeville chevalier
> natif de angleterre de la
> ville de saint Alein Et
> parle de la terre de pro
> missiou (*sic*) c'est assavoir De
> iherusalem et de pluseurs
> aultres isles de mer et les
> diuerses et estranges cho
> ses qui sont esdictes isles

A la fin se lit la souscription suivante :

> Cy finist ce tres play
> sant liure nõme Mande
> uille parlāt moult antē (*sic*)
> tiquement du pays et trē
> doultremer, Imprime a
> lyõ sur le rosne Lan mil
> cccc lxxx le viii iour de
> freuier (*sic*) a la requeste de
> Maistre Bartholomieu
> Buyer bourgoys du dit
> lyon.

Cette édition se compose de 106 feuillets, dont le premier est blanc, avec des signatures de Aj à Piij, par cahiers de 8 feuillets, sauf O, qui en a 6, et P qui n'en a que 4.

Il est à remarquer que la signature L n'existe pas, sans que pour cela il y ait une lacune quelconque dans le texte, comme il a été facile de le constater par la confrontation avec d'autres éditions, notamment avec celle du 4 avril 1480. La cause de cette omission vient peut-être de ce que les signatures K et L semblent n'en faire qu'une; la signature Kiiij étant ainsi indiquée : KLiiij.

Cet exemplaire, autrefois relié en veau brun, est celui de LA VALLIÈRE, dont parle M. Brunet et dont il donne la description que lui avait communiquée Van Praet (*Manuel,* III, col. 1358). Ce dernier y trouvait 113 feuillets parce qu'il comptait 8 feuillets blancs qu'on avait mis à la place de la signature L, qu'on supposait à tort être nécessaire, et qu'il ne comptait pas le premier feuillet blanc qui manquait.

Cet exemplaire a été acheté à la vente Bright, faite à Londres en 1845; il est très-grand de marges et bien conservé. M. Vigna, par qui il a été parfaitement lavé, a ajouté en tête un feuillet blanc.

C'est un livre de la plus grande rareté; on croit qu'il n'en existe que deux exemplaires, le nôtre et celui de la Bibliothèque nationale qui est incomplet. Il manque à ce dernier, qui a été insuffisamment décrit par M. Brunet, 13 feuillets, savoir, le premier feuillet blanc, le cahier B (8 ff.), et les 4 premiers feuillets du cahier C. Il est inutile d'ajouter que, comme le nôtre, il ne possède pas de signature L.

L'exemplaire de l'édition de 1480, 4 avril, cité et décrit dans le Manuel du libraire, est au British Museum, collection Grenville. M. Brunet suppose, mais sans en donner de raisons décisives, que cette édition a été aussi imprimée à Lyon et qu'elle est antérieure à celle de Barth. Buyer.

612. Les Observations de plusieurs singularitez et choses mémorables, trouvées en Grèce, Asie, Judée, Egypte, Arabie et autres pays estranges, rédigées en trois livres, par Pierre Belon du Mans. *Anvers, Christ. Plantin,* 1555, pet. in-8, fig. sur bois, v. fauve, fil. dos orné, tr. dor. (*E. Niedrée.*)

613. La Description du premier voyage faict aux Indes orientales par les François (marchands de S. Malo, Vitré et Laval, en 1603) : contenant les mœurs, loix, façons de vivre, religions et habits des Indiens; une Description et remarque des animaux, épiceries, drogues aromatiques et fruicts qui se trouvent aux Indes, un traité du scorbut qui est une maladie estrange… par François Martin de Vitré. *Paris, chez Laurens Sonnius,* 1609, in-12, mar. r., dent. int. tr. dor. (*Trautz-Bauzonnet.*)

Petit volume rare et intéressant.

614. Voyages de François Bernier, docteur en médecine, contenant la description des Etats du grand Mogol, de l'Hindoustan, du royaume de Kachemire, etc., le tout enrichi de cartes et de figures. *Amsterdam, chez Paul Marret,* 1699, 2 vol. in-12, v. bleu, fil. tr. dor. (*Rel. angl. de Lewis.*)

615. Divers Voyages et missions du P. Alexandre de Rhodes en la Chine et autres royaumes de l'Orient;

avec son retour en Europe par la Perse et l'Arménie. *Paris, Séb. Cramoisy et Gabr. Cramoisy,* 1653, in-4, mar. r. dos orné, fil. tr. dor. (*Boyet.*)

Exemplaire aux armes du prince EUGÈNE DE SAVOIE. Double de la bibliothèque de Vienne.

616. Relazione dello stato presente dell'Egitto, scritta dal S. Gio. Mich. Vanslebio. *Parigi, A. Cramoisy,* 1671, in-12, mar. r. fil. tr. dor. (*Padeloup.*)

Exemplaire de Randon de Boisset, acheté à sa vente par l'abbé Rive. Excellente reliure signée : *Padeloup, relieur du roi, place Sorbonne.*

617. Relation de la Nouvelle-France, de ses terres, naturel du pays et de ses habitans. Item du voyage des pères Jésuites ausdictes contrées et de ce qu'ils y ont faict jusques à leur prinse par les Anglois, faicte par le P. Biard, Grenoblois. *Lyon, L. Muguet,* 1616, in-12, vél.

Volume rare et intéressant pour l'histoire des établissements français dans l'Acadie.

II. HISTOIRE UNIVERSELLE.

618. LA MER DES HYSTOIRES. (A la fin du premier vol.:) *Ce premier volume fut acheve a Paris, par Pierre le Rouge, imprimeur du roy lan mil iiij. C. iiij^{xx} et viij ou mois de juillet* (marque de P. le Rouge). — Le Second volume de la mer des Hystoires. (A la fin avant la table :) *Ce présent volume fut acheve ou mois de fevrier pour Vincent Comin, marchant demourant a lenseigne de la rose en la rue Neufve Nostre Dame de Paris et imprime par maistre Pierre le Rouge... lan mil CCCC iiij^{xx} et viij* (marque de P. le Rouge), 2 vol. gr. in-fol. goth. à 2 col., fig. sur bois, mar. r. ornem. en or et dent. à froid, tr. dor. (*Trautz-Bauzonnet.*)

Première édition, très-rare, remarquable par sa magnifique exécution, les nombreuses figures sur bois, bordures, les belles initiales et les autres ornemeuts dont elle est enrichie.
Superbe exemplaire, très-grand de marges; léger raccommodage au titre

du Ier volume et un coin remis dans la partie blanche du dernier feuillet du second volume.

En tête du premier volume et à la fin du même, se trouvent, sur des feuillets de vélin, les armoiries suivantes peintes en or et couleur « d'or à trois fleurs de lis de gueules, accompagnées d'un besan de même » avec cette devise : *Il est besoing*.

619. LA CHRONIQUE MARTINIANE de tous les papes qui furent jamais et finist jusques au pape Alexandre (VI), derrenier (trad. du latin de Martin Polonois en françois, par Sébast. Mamerot en 1458) et avecques les additions de plusieurs croniqueurs, cest assavoir de messire Verneron, chanoyne de Lyege, monseigneur Castel, monseigneur Gaguin général des Mathurins... (*A la fin :*) *Imprimee a Paris, pour Antoine Verard, demourant a Paris pres lostel dieu devant la rue Neufve Nostre Dame, s. d.* (vers 1505), in-fol. goth. à 2 col., mar. r. fil. dos orné, tr. dor. (*Trautz-Bauzonnet.*)

Chronique d'une grande rareté. Magnifique exemplaire, grand de marges et rempli de témoins, provenant de la bibliothèque de HIBBERT. Il était autrefois relié en maroquin par Lewis.

620. DISCOURS SUR L'HISTOIRE UNIVERSELLE. A Monseigneur le Dauphin... depuis le commencement du monde jusqu'à l'empire de Charlemagne. Par messire Jacques-Bénigne Bossuet. *Paris, Séb. Mabre-Cramoisy,* 1681, in-4, mar. r. dos orné, fil. tr. dor. (*Du Seuil.*)

Édition ORIGINALE. Très-bel exemplaire en grand papier, aux armes du chancelier LE TELLIER. Il appartenait, en 1716, à Dom. Turgot, évêque de Sèez dont l'*ex libris* sur papier est à l'intérieur de la reliure.

621. Discours sur l'histoire universelle... depuis le commencement du monde jusqu'à l'empire de Charlemagne, par messire Jacques-Bénigne Bossuet. Seconde édition. *Paris, Séb. Mabre-Cramoisy,* 1682. — Suite de l'Histoire universelle de M. l'évêque de Meaux, depuis l'an 800 de N.-S. jusqu'à l'an 1700 inclusivement (par de la Barre le jeune, avocat). *Paris, Mich. David,* 1708, 2 vol. in-12, mar. r. fil. tr. dor. (*Boyet.*)

Très-bonne reliure, bien conservée. Tache d'eau sur un des plats du premier volume.

622. Tableau philosophique du genre humain depuis l'origine du monde jusqu'à Constantin (par Borde). *Londres,* 1767, pet. in-8, 3 part. en 1 vol. mar. r. fil. tr. dor. (*Derome.*)

III. HISTOIRE DE LA RELIGION CHRÉTIENNE.

1. *Histoire de l'Église catholique.*

623. HISTOIRE ECCLÉSIASTIQUE, par l'abbé Fleury, (jusqu'en 1414), avec la continuation (jusqu'en 1595 par le P. J.-C. Fabre et l'abbé Goujet), avec la table. *Paris,* 1758, 40 tom. en 42 vol. in-12, mar. vert, fil. tr. dor.

Bel exemplaire aux armes de madame Victoire de France. Il est très-rare de trouver l'édition in-12 reliée en maroquin. L'exemplaire aux armes de la comtesse d'Artois, en maroquin, vendu à la vente Solar, avait les 4 volumes de table reliés en veau.

624. XII Cardinalium pietate, doctrina rebusq. gestis maxime illustrium imagines et elogia. *Antuerpiæ,* 1598, in-4, demi-rel. avec coins, mar. viol. fil.

12 beaux portraits gravés par Théod. Galle. Exemplaire NON ROGNÉ.

625. Sanctæ Inquisitionis Hispaniæ artes aliquot detectæ, ac palam traductæ, Reginaldo Gonsalvio Montano authore. *Heydelbergæ, excudebat Mich. Schirat,* 1567, in-12, mar. grenat, jans. dent. int. tr. dor. (*Trautz-Bauzonnet.*)

Ouvrage rare contenant une critique virulente de l'inquisition d'Espagne. Il en existe une traduction française sous le titre : *Relation de l'inquisition d'Espagne,* 1568. in-8.

626. BIBLIOTHECA CLUNIACENSIS, in qua SS. Patrum Abb. Clun. vitæ, miracula, scripta, statuta, privilegia... Item catalogus abbatiarum, prioratuum, decanatuum, cellarum et eccles. à Clun. cœnobio dependentium, una cum chartis et diplomat. donationum earumdem, omnia nunc primnm ex ms. codd. colligerunt Dom. Martinus Marrier et

Andreas Quercetanus qui eadem disposuit ac notis illustravit. *Luteliæ Parisiorum, sumptibus Roberti Fouët,* 1614, fort vol. in-fol., titre gravé par Léonard Gaultier, mar. vert, fil. tr. dor.

Ouvrage recherché pour les pièces importantes qui y sont réunies. Superbe exemplaire aux armes de J.-A. de THOU.

627. Légende dorée, ou Sommaire de l'histoire des frères mendians de l'ordre de Dominique et de François, comprenant briefuement et véritablement l'origine, le progrez, la doctrine et les combats d'iceux : tant contre l'Église gallicane principalement que contre les papes et entr'eux mesmes depuis quatre cens ans (par Nic. Vignier). *Leyden, pour Jean le Maire,* 1608, in-8, mar. citr. dos orné, fil. tr. dor. (*Rel. anc.*)

628. Relation de la mort de quelques religieux de l'abbaye de la Trappe (par Arm. J. le Bouthillier de Rancé). *Paris, E. Michallet,* 1683. — Règlements de l'abbaye de la Trappe. *Paris, E. Michallet,* 1690. — Instruction sur la mort de Dom Muce, religieux de la Trappe. *Paris, le même,* 1690. — Carte de visite faite à l'abbaye de Notre-Dame des Clairets, par le R. P. abbé de la Trappe, le 16 février 1690. *Paris, Fr. Muguet,* 1690, in-12, réglé, mar. r. fil. tr. dor. (*Rel. anc.*)

Exemplaire de M. de LA BÉDOYÈRE. (Vente 1837.)

629. Recueil de plusieurs pièces pour servir à l'histoire de Port-Royal, ou Supplément aux Mémoires de MM. Fontaine, Lancelot et de Fossé. *Utrecht,* 1740, in-12, v. m.

Signature sur le titre d'Arnauld de Torcy.

630. La Vie admirable de S. Nicolas, surnommé le Grand, archevêque de Myre, avec un discours sur la liqueur miraculeuse qui sort continuellement de ses sacrées reliques, appelée communément *Manne de saint Nicolas,* par le père Nicolas de Bralion, prestre de l'Oratoire. *Paris, chez*

Estienne Danguy, 1646, in-12 réglé, mar. rouge
à comp., tr. dor. (*Rel. anc.*)

Ouvrage rare.

631. La Vie de saint Vaneng, confesseur, fondateur
de l'abbaye de Fecan et patron de la ville de Ham
en Picardie (par le P. Chr. Labbé, curé de Saint-
Sulpice, au faubourg de Ham). *Paris, chez Florentin, et P. Delaune,* 1700, in-12, mar. r. dos
orné, compart. à la Du Seuil, tr. dor. (*Rel. anc.*)

632. Relation d'un voyage d'Aleth, contenant des
mémoires pour servir à l'histoire de la vie de
messire Nicolas Pavillon, évêque d'Aleth (par
Lancelot). *En France, chez Théophile.* — Entretiens du prêtre Eusèbe et de l'avocat Théophile,
sur la part que les laïques doivent prendre à l'affaire de la constitution *Unigenitus. S. l.,* 1724.
— Système de M. Nicolle touchant la grâce universelle. *Cologne,* 1700. — Instruction en forme
de catéchisme au sujet de la bulle *Unigenitus. S. l.
n. d.* Ens. 7 pièces en 1 vol. in-12, v. fauve, fil.
(*Armoiries sur les plats.*)

Exemplaire portant sur l'un des plats le sceau du monastère des Feuillants
de Paris, et sur l'autre ce nom « Dom Pierre de Saint-Basile Maigrot, feuil-
lant. »

633. Vie de M. François de Paris, diacre. *S. l.* 1731.
— Recueil et second recueil des miracles opérés
au tombeau de M. de Paris, diacre. *S. l.* 1732,
in-12, mar. bl. fil. tr. dor. (*Rel. anc.*)

634. Histoire de la robe sans couture de Notre-
Seigneur Jésus-Christ, qui est révérée dans l'église
du monastère des religieux bénédictins d'Argen-
teuil, avec un abrégé de l'histoire de ce monastère, par Dom Gabriel Gerberon R. B. *Paris,
Hélie Josset,* 1677, figure gravée par Edelinck,
mar. r. dos orné, compart. à la Du Seuil, tr. dor.
(*Rel. anc.*)

Première édition.

635. Hypobolimæa divæ Mariæ deiparæ camera,
seu Idolum Lauretanum eversum et dejectum,
autore Matthia Berneggero. *Argentorati, impensis
Christ. ab Heyden,* 1619, in·4, mar. citron, fil.
tr. dor. (*Anc. rel.*)

Bel exemplaire.
Sur les feuillets de garde, une longue note de M. du Roure sur l'auteur
Bernegger et sur la maison de la Sainte Vierge à Laurette.

636. Explication des cérémonies de la Fète-Dieu,
d'Aix en Provence (par G. Grégoire). *Aix, Esprit
David,* 1777, in-12, portr. et fig., mar. r. fil. tr.
dor. (*Rel. anc.*)

637. Mémoires pour servir à l'histoire de la fète
des fous, qui se faisoit autrefois dans plusieurs
églises, par M. du Tilliot. *A Lausanne et à Genève,*
1751, pet. in-8, 12 planches, v. m.

2. *Histoire des hérésies et des églises protestantes.*

638. Histoire critique de Manichée et du Mani-
chéisme, par de Beausobre. *Amsterdam, J. Fréd.
Bernard,* 1734, 2 vol. in-4, v. m. fil. tr. dor.

Exemplaire aux armes du duc d'AUMONT.

639. Preclara Francorum facinora variaque ipso-
rum certamina... ab anno Mcc ad annum Mcccxi.
S. l. et a. mar. r. tr. dor. (*Bauzonnet-Trautz.*)

Cette histoire, connue sous le nom de chronique de Simon de Montfort,
est attribuée à Pierre VI, évéque de Lodève, en 1312. C'est ici la première
édition. Elle a été réimprimée à la suite de Guill. de Puy-Laurens dans l'ap-
pendice à l'histoire des comtes de Toulouse, par Catel, dans le tome V de
Duchesne et dans le tome XIII du Recueil des historiens de D. Bouquet.
Exemplaire de M. Coste.

640. Historia Albigensium et sacri Belli inter eos,
anno M.ccix, suscepti duce et principe Simone
a Monteforti... auctore Petro cœnobii Vallis-Sar-
nensis... monacho, cruciatæ hujus militiæ teste
oculato, nunc primum edita (a Nic. Camusat).
Trecis, apud Joannem Grifard, 1615, in-8, mar.
bleu, dos orné, fil. dent. int. tr. dor. (*Bedford.*)

641. Histoire des Albigeois et gestes de noble Simon
de Montfort, décrite par F. Pierre des Vallées
Sernay, moine de l'ordre de Cisteaux, et rendue
de latin en françois par Arnaud Sorbin P. (prètre)
de Montech. *Paris, Guill. Chaudière*, 1569, pet.
in-8, mar. r. tr. dor. (*Trautz-Bauzonnet.*)

Bel exemplaire de la bibliothèque de M. de Lacar... (Paris, Potier, 1859).
Cette histoire fut publiée d'abord à Toulouse, chez les frères Colomiez, en
1568. Arnaud Sorbin s'était servi, pour sa traduction, d'un manuscrit « fort
vieil et corrompu », à ce que nous apprend G. Chaudière, l'imprimeur de la
nouvelle édition dans un *avis au lecteur.* Il ajoute que, grâce au doyen de
Carcassonne, il put s'en procurer un autre « lequel bien que je ne l'aie eu,
dit-il, au commencement de mon impression, si je l'ai eu de si bonne heure
qu'il fera connoître une grande différence entre les deux impressions ». Il
nous apprend encore que c'est un M. G. qui fut employé à la révision.

642. Histoire des Albigeois, touchant leur doctrine
et religion... Et de la cruelle et longue guerre qui
leur a esté faite... Le tout recueilli fidèlement de
deux vieux exemplaires écrits à la main, l'un au
langage de Languedoc, l'autre en vieil françois.
Réduite en quatre livres par J. Chassanion de Mo-
nistrol en Vellai. *S. l. (Genève) Chez P. de Sainct-
André*, 1595, in-8, mar. r. tr. dor. (*E. Niedrée.*)

Chassanion dit qu'il a tiré cette histoire de deux anciens manuscrits, dont
l'un en langage languedocien, quoique écrit par un catholique romain, est
favorable aux Albigeois, et l'autre « en vieil françois » est le même ouvrage
que celui qui a été traduit de nouveau du latin en 1569, par Arnaud Sorbin, mais offrant des différences.
Ce livre est fort rare. Exemplaire de M. Coste.

643. Histoire des Vaudois. Divisée en trois parties.
La première est de leur origine, pure croyance et
persécutions qu'ils ont souffert par toute l'Europe
par l'espace de plus de quatre cens cinquante ans.
La seconde contient l'histoire des Vaudois appe-
lés Albigeois. La troisième est touchant la doctrine et discipline qu'ils ont eu commune entre
eux... Le tout fidèlement recueilly..., par Jean
Paul Perrin, Lionnois. *A Genève, pour Mathieu
Berjon*, 1618; 2 part. en 1 vol. in-8, mar. br.
jans. dent. int. tr. dor. (*Trautz-Bauzonnet.*)

Livre rare, avec le titre original à la date de 1618. M. Brunet n'indique
que celui de 1619.
La première partie est dédiée à François de Bonne, duc de Lesdiguières.

La seconde (suivie de la troisième sous la même pagination), a un titre particulier ainsi conçu : *Histoire des chrétiens Albigeois, contenant les longues
guerres, persécutions qu'ils ont souffert à cause de la doctrine de l'Évangile.
Le tout fidèlement recueilli des historiens qui en ont escrit... par Jean-Paul
Perrin, Lionnois. A Genève. pour Mathieu Berjon*, 1618.

Cette seconde partie est précédée d'une épitre dédicatoire à Henri de Foix
(comte et depuis duc) de Candale... lieutenant général pour le Roy ès provinces de Xaintonge, Angoumois, etc., qui ne se trouve que dans un petit
nombre d'exemplaires et qui est dans le nôtre. Candale, qui s'était pro-
noncé en 1615 en faveur de la Réforme, fut, cette même année, nommé
général des Cévennes, dans une assemblée tenue à Nimes; mais, quelques
années plus tard, il abandonnait le parti protestant qui l'avait pris pour chef.
Cette défection fut évidemment la cause de la suppression de la dédicace
dans laquelle Perrin félicite Candale d'être entré dans la maison de Dieu,
« de sa constance contre les efforts des tentations..., et de ce que la haine
des proches, les calomnies des méchants, ni même les alléchements du monde
n'ont rien pu où Dieu a opéré. » Il ajoute que Candale est le premier de son
extraction qui ait secoué le joug du pape.

644. La Doctrine des Vaudois, représentée par
Cl. Seissel, archevesque de Turin, et Cl. Coussard,
théologien de l'université de Paris, avec notes
dressées par Jacques Cappel, professeur en théologie en l'église et académie de Sedan. *Sedan,
de l'imprimerie de J. Jannon*, 1618, in-8, demi-
rel. v. ant. ..

645. Lucæ Tudensis episcopi, de altera vita, fidei-
que controversiis adversus Albigensium errores
libri III, nunc primum in lucem prolati, notisque
illustrati, a P. Joanne Mariana. *Ingolstadii, excudebat Andreas Angermarius*, 1612. — L. Tudensis scriptores aliquot succedanei contra sectam
Waldensium, nunc primum in lucem editi cum
notis... editore Jac. Gretsero. *Ingolstadii*, 1613,
in-4, mar. rouge, fil. tr. dor. (*Rel. anc.*)
Exemplaire de Hohendorf.

646. Histoire mémorable de la persécution et sac-
cagement du peuple de Mérindol, etc., Cabrières
et autres lieux circonvoisins, appelez Vaudois. *S. l.*
1555, pet. in-8, mar. r. tr. dor. (*Hardy-Mennil.*)
Livre d'une grande rareté.

647. Histoire de l'exécution de Cabrières et de Mérindol et d'autres lieux de Provence, particulièrement déduite dans le plaidoyer qu'en fit l'an

1551, par le commandement du roy Henry II et
comme son avocat général, Jaques Aubery... Ensemble une relation de ce qui se passa aux cinquante audiances de la cause de Merindol. *Paris, Séb. Cramoisy*, 1645, in-4, v. fauve, fil. tr.
dor. (*Bedford.*)

Livre curieux et peu commun, publié par L. Aubery du Maurier, petit-
neveu de Jacques Aubery.

648. Memorabilis historia persecutionum, bello-
rumque in populum vulgò Valdensem appellatum
Angrunicam, Luserneam, Sanmartineam, Peru-
sinam, aliasque regionis Pedemontanæ valles inco-
lentem, ab anno 1555, ad 1561, religionis ergo
gestorum, anno 1562, gallice primum in lucem
edita, nunc vero à Chr. Richardo Biturige latine
donata. *Genevæ, E. Vignon*, 1581, in-8, mar.
bl. fil. dos orné, tr. dor. (*Bedford.*)

Rare. C'est la traduction latine d'un ouvrage français, imprimé en 1562,
sous le titre, *Histoire des persécutions et guerres faites depuis* 1555 *jusqu'en*
1561 *contre le peuple appelé Vaudois, etc.*

649. Waldensia, id est, conservatio veræ ecclesiæ
demonstrata ex confessionibus cum Taboritarum
ante CC fere annos, tum Bohemorum, circa temporibus Reformationis scriptis, studio et opera
Lydii M. E. Palatini. *Roterodami*, 1616, in-8, v. f.
fil. et fil. dos orné, tr. dor. (*Bedford.*)

650. Histoire de l'hérésie de Viclef, Jean Hus et
Jérôme de Prague (par Ant. Varillas). *Lyon, Jean
Certe*, 1682, 2 part. en 1 vol. in-12, mar. r. fil.
tr. dor. (*Rel. anc.*)

651. HISTOIRE DES VARIATIONS des Églises protestantes, par messire Jacques-Benigne Bossuet.
Paris, chez la veuve de Sébastien Cramoisy, 1688,
2 vol. in-4, mar. r. dos orné, fil. tr. dor. (*Du Seuil.*)

Édition originale. Bel exemplaire aux armes de Charles de Loménie, seigneur de la Faye, conseiller d'État.

652. Défense de l'histoire des variations contre la
Réponse de M. Basnage, par Messire J.-B. Bos-

R.   10

suet. *J. Anisson*, 1691, in-12, mar. r. dos orné,
fil. tr. dor. (*Anguerrand.*)

Édition originale.

653. Icones, id est veræ imagines virorum doctrina
simul et pietate illustrium... accedunt emblemata,
Th. Beza auctore. *Genevæ, apud Joannem Lao-
nium,* 1580, in-4, portr. gr. sur bois, parch.

Première édition, contenant 37 portraits de réformateurs et 44 figures
d'emblèmes.

654. Recueil de pièces en partie sur la Réformation, en 1 gros vol. in-8, mar. r. fil. tr. dor. (*Bedford.*)

Matagonis de matagonibus. . . Monitoriale adversus Italo-Galliam sive
Antifranco-Galliam Ant. Matharelli Alvernogeni. *S. l.,* 1578. — Gratulatio
ad ven. presb. D. Gabr. de Saconay... de Pulchra et eleganti Præfatione
quam libro Regis Angliæ inscripsit. *S. l.,* 1561. — Ad P. Carpentarii viru-
lentam epistolam, Responsio Fr. Porti Cretensis pro causariorum quos vocat
innocentia. *S. l.,* 1573. — Ad. P. Carpenterii famelici Rabulæ sævum de
retinendis armis et pace repudianda consilium P. Fabri responsio. *Neusta-
dii,* 1575. — Responce au pernicieux conseil de P. Charpentier, chiqua-
neur... traitté duquel on apprendra en quel cas il est permis à l'homme
chrestien de porter les armes, par P. Fabre, trad. du latin. *S. l.* (1575). —
Ad novas G. Genebrardi calumnias... L. Danæi Responsio. *Genevæ, E. Vignon,* 1578. — Sophismata E. Turiani monachi... Authore Ant. Sadeelle.
(*Genevæ*), 1577. — Th. Bezæ ad repetitas Jac. Andræi et Nic. Selnecari
calumnias responsio. *Genevæ, E. Vignon,* 1578. — Ad. N. Selncceri li-
brum, qui inscribitur necessaria et brevis repetitio, etc. Danæi responsio.
Genevæ, E. Vignon, 1579. — Response chrestienne au premier livre des
calomnies et renouvellées faussetez de deux apostats, Math. de Launoy,
prestre, et H. Pennetier, naguères ministres et maintenant retournez à leur
vomissement. *S. l.,* 1578.
La première de ces pièces est une réponse de Fr. Hotman à une critique
qui avait été faite de son ouvrage intitulé : *Franco-Gallia.*

655. Ample discours des actes (du colloque) de
Poissy, contenant le commencement de l'assemblée... L'ordre y gardé. Ensemble la harangue du
Roy Charles IX. Avec les sommaires poincts des
oraisons de M. le Chancelier, Théodore de Besze
et du cardinal de Lorraine. *S. l.,* 1561, in-8, 27 ff.
et 1 f. blanc, v. fauve, fil. tr. dor.

Pièce rare.

656. Histoire de la vie et mort de feu M. Jean Calvin, fidèle serviteur de Dieu, prinse de la préface
de Théodore de Besze aux commentaires dudit

Calvin sur Josué (avec le catalogue des escrits de Calvin). *Geneve, de l'imprimerie de Francois Perrin,* 1565, in-8, v. fauve, fil. dos orné, tr. dor. (*E. Niedrée.*)

Seconde édition de cet ouvrage, non indiquée par Brunet. La première est intitulée : *Discours de M. Théod. de Besze contenant en bref l'histoire,* etc. *S. l.,* 1564, in-8.

Exemplaire de M. B. Delessert (vente de Londres, 1848).

657. Appello a Philippo dormiente ad Philippum vigilantem, causa, chi non sea vaira, chia Reformats dal Evangeli sean apostatats gio da la vaira eretta da S. Petro, etc. *Stampad in Scuol,* 1672, pet. in-8, mar. citr. large dent. tr. dor. doublé de tabis. (*Derome.*)

Rare. Bel exemplaire de MAC-CARTHY. Charmante reliure.

658. Histoire de la glorieuse rentrée des Vaudois dans leurs vallées, où l'on voit une troupe de ces gens qui n'a jamais été qu'à mille personnes, soutenir la guerre contre le roi de France et le duc de Savoye, etc... s'ouvrir le passage par la Savoie et le haut Dauphiné, etc... Le tout recueilli des mémoires qui ont été fidèlement faits de tout ce qui s'est passé dans cette guerre des Vaudois, et mis au jour par les soins de Henry Arnaud, pasteur et colonel des Vaudois. *S. l.,* M.D.CC.X, pet. in-8, mar. bl. compart. tr. dor. (*Lortic.*)

Ouvrage curieux et devenu fort rare. Bel exemplaire.

« D'après un article fort curieux de la *Revue des Deux-Mondes* (n° du 1er janvier 1869), les véritables auteurs de cet ouvrage seraient le Vaudois Renaudin et le Cévenol Hugues. H. Arnaud aurait fait de leur manuscrit, en le retouchant, un livre assez confus, dans lequel il s'attribue tout l'honneur de l'expédition, au détriment du réfugié français Turrel, qui avait le commandement militaire. Le ms. original est à la biblioth. de Berlin. On y remarque des ratures qui ont pour but d'effacer ou d'amoindrir le nom de Turrel. » (*Note du Catal. Potier,* 1872.)

Il existe deux sortes d'exemplaires de ce livre. Les uns ont 32 ff. préliminaires, dont 15 sont occupés par une dédicace à la reine Anne. Les autres n'en ont que 20, la dédicace à la reine Anne ayant été remplacée par une autre à Eberhard-Louis, duc de Wurtemberg, qui ne contient que 3 ff. Par le fait de ce changement de dédicace, la feuille A n'a que 4 ff., et il n'existe plus de feuille B.

Notre exemplaire est un de ceux avec la dédicace au duc de Wurtemberg.

IV. HISTOIRE ANCIENNE.

659. Pauli Orosii adversus Paganos historiarum
libri VII... opera et studio Fr. Fabritii Marcodu-
rani. *Moguntiæ, P. Cholinus,* 1615, in-8, mar. r.
fil.

Exemplaire de Peiresc.

660. Fl. Josephi operum tomus primus (secundus
et tertius), Sig. Gelenio interprete. *Lugduni,
apud Vincentium,* 1557, 3 vol. in-16, v. à compart. de couleurs, tr. dor.

Jolie reliure lyonnaise du seizième siècle.

661. Dictys Cretensis de Bello Trojano et Dares
Phrygius de excidio Troiæ. *Amsterodami, apud
Gul. Blaeuw,* 1630, in-24, titre gravé, réglé,
mar. r. comp. tr. dor. (*Rel. anc.*)

Joli exemplaire aux armes de TALLEMANT DES RÉAUX, l'auteur des *His-
toriettes.*

662. Dares Phrigius de excidio Troie, cum figuris.
*Venundantur Parrhisiis a Petro Gaudoul in clauso
Brunello.* (A la fin :) *Impressum Parisiis in offi-
cina Nicolai de Pratis... anno* M.D.XX.VII, pet.
in-4, fig. sur bois, mar. r. fil. dos orné, tr. dor.
(*Rel. anc.*)

Avec 10 figures curieuses sur bois, représentant les héros grecs et troyens
en costumes du commencement du seizième siècle.
Exemplaire de la Vallière, de Mac Carthy et de R. Heber.

663. Delphi phœnicizantes ; sive tractatus in quo
Græcos, quidquid apud Delphos celebre erat (seu
Pythonis et Apollinis historiam. .) è Josuæ historia scriptisque sacris effinxisse ostenditur, cum
diatriba de Noë in Italiam adventu nec non de
origine Druidum... authore Ed. Dickinson. *Oxo-
niæ,* 1655, in-8, mar. r. fil. tr. dor. (*Derome.*)

Exemplaire de Thierry (1817) et de Châteaugiron.
Livre singulier et rare. L'auteur croyait avoir trouvé les origines des fables
de la Grèce dans la Bible. Il voyait Apollon dans Josué, et dans le roi Ogus,
que défait Josué, le serpent Python, etc.

664. Sex. Aurelii Victoris historiæ Romanæ compendium, interpretatione et notis illustravit Anna, Tanaquilli Fabri filia, in usum Ser. Delphini. *Parisiis, apud Dionysium Thierry*, 1681, in-4, mar. rouge, fil. tr. dor.

Superbe exemplaire aux armes du prince Eugène de Savoie. Son chiffre est aussi sur le dos de la reliure.

665. C. Julii Cæsaris quæ extant ex emendatione Jos. Scaligeri. *Lugduni Batavorum, ex officina Elzeviriana*, 1635, pet. in-12, front. gravé, cartes, mar. r. dos orné, fil. dent. int. tr. dor. (*Trautz-Bauzonnet.*)

Bel exemplaire de la première édition. Hauteur : 126 mill. De la bibliothèque du comte Napoléon Camerata, petit-neveu de Napoléon Ier et petit-fils d'Elisa Bonaparte-Bacciochi, grande-duchesse de Toscane.

666. Vie de l'empereur Julien, par l'abbé de La Bletterie. *Paris, Desaint et Saillant*, 1746, in-12, mar. r. dos orné, fil. tr. dor.

Aux armes de Mme Adélaïde de France, une des filles de Louis XV.

667. Histoire de l'empereur Jovien, et Traductions de quelques ouvrages de l'empereur Julien, par l'abbé de La Bléterie. *Paris, Prault*, 1748, 2 vol. in-12, mar. r. dos orné, fil. tr. dor. (*Aux armes de France.*)

Timbre sur les titres.

V. HISTOIRE MODERNE.

1. *Histoire de France.*

A. Histoire générale et particulière.

668. Histoire abrégée des Roys de France, Angleterre et Escosse... Plus l'Épitome de l'histoire romaine des Papes et empereurs... par David Chambre. *Paris, J. Février*, 1579. — La Recerche des Singularitez plus remarquables concernant l'estat d'Escosse... par David Chambre. *Paris,*

J. Février, 1579. — Discours de la légitime possession des femmes aux possessions de leurs parents, etc., par David Chambre. *Paris,* 1579; — 3 part. en 1 vol. in-8, mar. vert, dos orné, fil. tr. dor. (*Lortic.*)

Bel exemplaire d'un volume rare.

669. Discours non plus mélancoliques que divers, de choses mesmement, qui appartiennent à notre France. (A la fin :) La Manière de bien et justement entoucher les Lucs et Guiternes. *Poictiers, de l'imprimerie d'Enguilbert de Marnef,* 1556, in-4, mar. vert, fil. tr. dor. (*Bauzonnet.*)

Livre rare, attribué à J. Peletier et Élie Vinet. Suivant Ch. Nodier, ce serait Bonav. des Periers qui en serait l'auteur.
Exemplaire d'A. Veinant (*première vente*).

670. Recueil de pièces sur l'histoire de France. 1 vol. in-8, mar. r. fil. tr. dor. (*Aux armes de J.-A. de Thou.*)

Fr. Hotomani Francogallia. *Ex officina J. Bertulphi,* 1576. — De la noblesse, ancienneté, remarques, mérites d'honneur de la troisième maison de France (par Nic. Vignier). *Paris, Ab. Langelier,* 1587. — Traicté de l'origine, progrès et excellence du royaume et monarchie des François et coronne de France, par Ch. du Molin. *Paris,* 1561. — Lettres d'un François sur certain discours faict nagueres pour la préséance du roy d'Hespagne (par Fr. Pithou). *S. l.,* 1586. — Extraict d'un traicté, de la grandeur, droicts, prééminences et prerogatives des roys et du royaume de France (par Fr. Pithou). *S. l. n. d.* — Extraict de la généalogie de Hugues, surnommé Capet, et des derniers successeurs de la race de Charlemagne en France (par Pontus de Tyard). *S. l. n. d.* — Traicté d'aucuns droicts du roy Philippes es estats qu'il tient à présent. *S. l.,* 1594.
Très-beau volume aux armes de J.-A. DE THOU et de sa première femme, Marie de Barbançon-Cany.

671. La France au temps des croisades, ou Recherches sur les mœurs et coutumes des Français aux xii⁰ et xiii⁰ siècles, par le V^ie de Vaublanc. *Paris, J. Techener,* 1844-47, 4 vol. in-8, pap. vélin, mar. bleu, fil. dent. int. tr. dor. (*Trautz-Bauzonnet.*)

672. Histoire de Charles VI, Roy de France, escrite par un autheur contemporain, Religieux de l'abbaye de Sainct-Denys, traduite sur le manuscrit latin tiré de la Bibliothèque de M^r le Président

de Thou, par Mʳˢ J. Le Laboureur et Jean Le Fevre. *Paris, chez Louis Billaine, 1663, 2 vol. in-folio, veau fauve, fil. dos orné, tr. dor. portr. (Chaumont.)*

Exemplaire en grand papier, auquel on a ajouté un beau portrait de Louis XIV, gravé par Van Schupen, d'après Mignard. De la biblioth. de M. le comte de Noailles, duc de Poix (vente faite à Londres, 1835).

673. MONSTRELET. Le premier (le second et le tiers) volume de Enguerran de Monstrelet ensuyvant Froissart... des croniques de France, Dangleterre, Descoce, Despaigne, De Bretaigne, de Gascongne, De Flandre, Et lieux circonvoisins. (A la fin :) *Cy finist le tiers volume denguerran de Monstrellet... Imprimez a Paris pour Anthoine Verard libraire demourant a Paris a petit pont a lymaige sainct Jehan levangeliste, ou au palais devant la chapelle ou len chante la messe de messeigneurs les presidens. S. d.,* 3 tom. en 2 vol. in-fol. à 2 col. goth. v. br. (*Aux armes du duc de Roxburghe.*)

Cette édition, imprimée en gros caractères, et la PREMIÈRE des deux publiées par Vérard, est de la plus grande rareté. L'exemplaire grand de marges et très-bien conservé provient des bibliothèques de LA VALLIÈRE, Crevenna, Roxburghe, R. Heber et D'ESSLING.

674. Histoire du siége d'Orléans et de la pucelle Jeane, mise en nostre langue par le Sʳ Dubreton. *Paris, chez Jaques Villery, 1631, pet. in-8, mar. brun, fil. dent. à froid. (Hering.)*

L'auteur, dans son *Avis au lecteur,* dit que cette histoire qu'il a traduite en français a été composée par un principal du collége d'Orléans, au temps de Charles VII.

L'ouvrage en latin a été imprimé sous le nom de Micquellus, à Orléans et à Paris en 1560.

675. LA CRONIQUE DU TRES CHRESTIEN ET VICTORIEUX ROY LOYS UNZIESME du nom (que Dieu absolve) avec plusieurs histoires advenues tant ès pays de France, Angleterre que Flandres et Artois puis l'an mil quatre cens soixante et un jusqu'en l'an mil quatre cens quatre vintz et trois. *A Paris, en*

la boutique de Galliot du Pré, 1558 (à la fin 1557),
in-8, mar. r. fil. tr. dor.

Édition rare de cette chronique de Louis XI, plus connue sous le nom de
Chronique scandaleuse.

Superbe exemplaire aux armes et aux chiffres de J.-A. DE THOU et de sa
première femme, Marie de Barbançon-Cany. C'est un des plus intéressants
ouvrages français qu'on puisse avoir de la bibliothèque de J.-A. de Thou.

676. Les Mémoires de messire Philippe de Com-
mines, sieur d'Argenton. *A Leyde, chez les Elzeviers,* 1648, pet. in-12, titre gravé, mar. rouge,
dos orné, tr. dor. (*Armes de sir Mark Masterman
Sykes.*)

Exemplaire grand de marges. Hauteur : 133 mill.

677. Histoire de la ligue faite à Cambray entre
Jules II Pape, Maximilien I, Empereur, Louis XII,
roy de France, Ferdinand V, Roy d'Arragon, et
tous les princes d'Italie contre la République de
Venise (par l'abbé Dubos). *A Paris, chez Florentin Delaulne,* 1709, 2 vol. in-12, mar. rouge, fil.
tr. dor. (*Rel. anc.*)

678. Histoire du chevalier Bayard... et de plusieurs
choses memorables advenues en France, Italie,
Espagne et ès Pays Bas... depuis l'an 1489 jusques à 1524 (par le loyal serviteur [son secré-
taire], avec des notes de Th. Godefroy). *Paris,
chez Abraham Pacard,* 1616, in-4, portrait mar.
rouge, dos orné, comp. à la Du Seuil, dent. int.
tr. dor. (*C. Hardy.*)

679. Histoire du chevalier Bayard (par son secrétaire, dit le loyal serviteur), avec son supplément
par Claude Expilly, et les annotations de Théod.
Godefroy, augmentées par Louis Videl (le Président de Boissieu). *Grenoble, J. Nicolas,* 1650 (*de
l'impr. de P. Frémon*), in-8, mar. r. fil. tr. dor.

Bel exemplaire du président de LAMOIGNON.

Cette édition est augmentée du supplément de d'Expilly et de notes de
Videl, mais le style en a été rajeuni.

680. Sensuyt la maniere de la deffiance faicte par
les heraulx des rois de France et Dengleterre a

lempereur nostre sire et la responce donnee par
la mesme imperiale majeste aux dictz heraulx.
(A la fin :) *Imprime en la ville Danvers par moy
Guillaume Vorsterman demourant a lenseigne de
la licorne de bois lan mil cinq cens x.xviii le xxiiij
jour du mois de Avril.* In-4, goth. 12 ff., fig. sur
bois sur le titre, et marque de l'impr. à la fin, mar.
r. dos orné, compart. tr. dor.

Bel exemplaire d'une pièce rare.
Les rois de France et d'Angleterre demandaient que l'empereur rendit la
liberté au pape et renvoyât les enfants de France qu'il retenait comme otages.
M. Brunet n'indique, de cette pièce, qu'une édition in-8.

681. Pauli Tertii Pont. Max. ad Carolum V Imp.
Epistola hortatoria ad pacem... Ipsius Caroli tum
ad eam, tum ad alias ejusdem, concilii convoca-
torias responsio. Francisci Christ. Francorum regis adversus ipsius Caroli calumnias epistola ad
Paulum III scripta. *Parisiis, ex officina Roberti
Stephani,* 1543, in-8, v. gran. fil.

682. Les Mémoires de Messire Martin du Bellay,
seigneur de Langey, ausquels l'auteur a inséré
trois livres des Ogdoades de Guillaume du Bellay, son frère. *Paris, à l'Olivier de P. L'Huillier,*
1572, in-fol. vélin, fil. tr. dor.

Bel exemplaire réglé, dans une reliure du seizième siècle bien conservée,
qui porte les inscriptions suivantes :
RENAULT GOZ.
REPOS APRÈS TRAVAIL.

683. P. Castellani magni Franciæ eleemosynarii
Vita, auctore P. Gallandio. St. Baluzius edidit et
notis illustravit. *Parisiis, Fr. Muguet,* 1674, in-8,
mar. r. dos orné, fil. tr. dor.

A la suite de l'ouvrage latin, on a réimprimé : *Le Trespas, Obsèques et
Enterrement de très-haut... François premier, roy de France... et les deux
sermons prononcez esdictes obsèques...* par Pierre du Chastel.
Exemplaire aux armes et aux chiffres de J.-B. COLBERT.

684. La magnifica et triumphale entrata del chris-
tianiss. re di Francia Henrico secondo, fatta nella
nobile et antiqua città di Lyone a luy et a la sua
serenissima consorte Chaterina, alli 21 di sep-

tembre 1548. *In Lyone, appresso Guilielmo Rovillio*, 1549, pet. in-4, figures sur bois, mar. bleu,
fil. dent. int. dos et coins ornés d'H couronnés et
de croissants et avec les armes de France, tr. dor.
(*Lortic.*)

Très-bel exemplaire provenant de la bibliothèque de **M.** Ruggieri.

685. Commentaires de Messire Blaise de Monluc,
mareschal de France, où sont descriz les combats, rancontres, batailles, siéges, assauts... esquels ce grand et renommé guerrier s'est trouvé
durant cinquante ou soixante ans qu'il a porté
les armes (1521-1572). *Bourdeaux, par S. Millanges*, 1592, 2 tom. en 1 vol. in-8, relié en vélin,
fil. compart. tr. dor. (*Rel. du temps.*)

Édition publiée en même temps que la première, qui est in-folio. A la fin
se trouve : *Blasii Monluci Franciæ Mareschali Tumulus.* C'est un recueil
de vers grecs, latins et français à la louange du maréchal. La pièce la plus
longue est un poëme de P. de Brach, de 500 à 600 vers, intitulé *les Mânes
de Blaise de Monluc.*

On lit cette note sur le feuillet de garde : « De la bibliothèque de S. A. S.
Frédéric-Henry, prince d'Orange, vendue à La Haye, en 1749, G. Meerman. »
Exemplaire de R. Heber.

686. Mémoires de la vie de Francois de Scepeaux,
sire de Vieilleville et comte de Duretal, maréchal
de France, contenant plusieurs anecdotes des rè-
gnes de François Ier, Henri II, François II et Charles IX, composés par Vincent Carloix, son secrétaire. *Paris, chez N.-L. Guérin et E.-F. Delatour*,
1757, 5 vol. in-8, portrait, v. fauve, fil. tr. dor.
(*Chaumont.*)

Exemplaire de **M.** de Noailles. (Vente à Londres, 1835.)

687. Bref et Sommaire recueil de ce qui a esté faict
et de l'ordre tenue à la joyeuse et triumphante
entrée de très puissant... Prince Charles IX, Roy
de France, en sa bonne ville et cité de Paris, le
sixiesme jour de mars (1571). Avec le Couronne-
ment de très haute Princesse Madame Elizabet
d'Austriche son espouse, et Entrée de ladicte dame
en icelle (par Simon Bouquet, avec des vers de
Dorat, Ronsard, etc.). *Paris, de l'imprimerie de*

Denis du Pré, pour Olivier Codoré, 1572, in-4, figures sur bois, vélin.

Volume rare. Très-bel exemplaire, grand de marges, avec témoins.

Les belles figures sur bois de ce volume, sont d'Olivier Codoré, graveur sur pierres fines.

A la fin du volume se trouve une pièce en vers intitulée : *Au Roy, congratulation de la paix faite par S. M. entre ses subjects, l'unzième iour d'aoust,* 1570, par Est. Pasquier.

688. **Dialogus quo multa exponuntur quæ Lutheranis et Hugonotis gallis acciderunt. Nonnulla item scitu digna et salutaria consilia adjecta sunt.** *Oragniæ, excudebat Adamus de Monte,* 1573, in-8, marque d'Adam du Mont, mar. br. tr. dor. (*Trautz-Bauzonnet.*)

Rare. Relation des massacres de la Saint-Barthélemy, attribuée à Th. de Bèze ou à N. Barnaud. La traduction de cet ouvrage en français a paru à Basle la même année, et elle forme la première partie du *Réveille-matin des François, par Eusèbe Philadelphe. Edimbourg, Jacques James,* 1574, 2 part. en 1 vol. in-8.

Ce livre est regardé par tous les bibliographes comme étant le premier imprimé à Orange. Cependant M. Martial Millet, dans sa *Notice sur les imprimeurs d'Orange* (Valence, 1877), émet une opinion contraire. « Orange, dit-il, n'a jamais été désigné sous le nom d'*Oragnia*, aucune charte, aucun manuscrit ne lui donne même un nom approchant... On ne voit pas le nom d'Adamus de Monte figurer dans le registre des délibérations consulaires de la ville, où les consuls avaient l'habitude de transcrire exactement les noms des personnages qui importaient dans la ville des industries nouvelles. »

La marque de l'imprimeur, qui se trouve sur le titre, représente Adam et Ève dans le Paradis terrestre.

689. **Le Cabinet du Roy de France, dans lequel il y a trois perles précieuses d'inestimable valeur, par le moyen desquelles S. M. s'en va le premier monarque du monde et ses sujets du tout soulagez. *S. l.,* 1582, in-8, mar. r. fil. à compart. anc. tr. dor. (*Thouvenin.*)**

« Ce beau cabinet, dit l'auteur, c'est la monarchie des Gaules; la première perle, c'est la parole de Dieu; l'estuy dans lequel elle est enclose ou plutôt ensevelie, c'est l'église papale; la deuxième, c'est la noblesse, et la troisième, c'est le tiers-estat. »

C'est une espèce de statistique de la France qui serait des plus instructives et des plus curieuses, si l'on pouvait y avoir confiance. Mais la partialité de l'auteur, qui était protestant, a dû l'égarer souvent, notamment dans ce qu'il dit du clergé. Ainsi, après avoir fait le dénombrement des prélats, prêtres, moines, etc., il ajoute le nombre de leurs p...... par diocèses, couvents, etc., qu'il fait monter en totalité à neuf cent mille.

Bel exemplaire de M. de Noailles, duc de Poix, grand de marges et dans une belle reliure de Thouvenin, dans le style du seizième siècle.

690. Le Boutefeu des Calvinistes, depuis n'aguère
envoyé en Ambassade par le roy de Navarre, à
quelque partie des Estatz de l'empire, pour trou-
bler la Religion et rallumer les feus de la guerre
civile... Traduict de latin en françois. *Francfort,*
1584, in-8, mar. r. dent. tr. dor. (*Rel. de Mouillié.*)

De la bibliothèque de M. B. Delessert.

Volume rare. C'est un recueil de pièces concernant l'ambassade de Jacques de Ségur de Pardaillan, envoyé par le roi de Navarre auprès des princes protestants en Allemagne, en 1583 et 1584. Ces pièces étaient sans doute
tombées dans les mains d'un catholique qui les a publiées.

691. Apologia catholica adversus libellos, declara-
tiones, monita, et consultationes factas, scriptas,
et editas à fœderatis perturbatoribus pacis in
regno Franciæ... per E. D. L. I. C. (par Pierre de
Belloy). *Parisiis*, 1586. — Brutum fulmen papæ
Sixti V, adversus Henricum regem Navarræ et Henricum Borbonium principem Condæum. Vna cum
protestatione multiplici nullitatis (auct. Fr. Hotman). *S. l. et a.* — Speculum romanorum Pon-
tificum... per St. Szegedinum. *S. l., anno* 1594.
— Orbis christiani status. Hoc est Discursus de
triplici potentia regis Galliæ, regis Navarræ et
Guysiorum Principum... *S. l.,* 1590, in-8, mar.
bl. fil. tr. dor. (*Bedford.*)

692. Premier volume du Recueil contenant les
choses mémorables advenues soubs la ligue qui
s'est faicte et élevée contre la religion réformée
pour l'abolir. *S. l.,* 1587. — Le Second Recueil
contenant l'histoire des choses plus mémorables
advenues sous la ligue. *Imprimé nouvellement,*
1589, 2 tom. partagés en 6 vol. pet. in-8, mar. r.
dos ornés, fil. tr. dor. (*Rel. anc.*)

Première édition, très-rare, connue sous le nom de *Petits Mémoires de
la Ligue.*

L'ouvrage ne forme que deux volumes, mais il est ici partagé en six parties, avec des titres parfaitement écrits en lettres romaines aux deuxième et
troisième parties de chaque volume.

Bel exemplaire de Mme de Pompadour.

693. De Justa Henrici Tertii abdicatione e Francorum regno libri quatuor (auctore J. Boucher). *Lug-*

duni, apud Johannem Pillehote, 1591, in-8, mar.
vert, fil. tr. dor. (*Rel. anc.*)

Exemplaire de **Girardot de Préfond** et de Rich. Heber.

« Le mérite de cette édition consiste dans les douze derniers chapitres,
qui ne se trouvent point dans celle de Paris, 1589. Cette augmentation
n'est pas ce qu'il y a de moins séditieux dans ce libelle. » (*Note manuscrite
de R. Héber.*)

694. Relatione dell' assedio di Parigi (1590), col
dissegno di quella città e de' luoghi circonvicini,
di Filippo Pigafetta. *In Roma, appresso Bartolo-
meo Grassi* (1591), in-4, titre gravé, v. m.

Relation curieuse. Exemplaire de Crevenna.

695. Satyre Menipée de la vertu du Catholicon
d'Espagne, et de la tenue des Estats de Paris...,
avec des remarques (par P. Dupuy). *Ratisbonne,
Mathias Kerner (Bruxelles, Fr. Foppens)*, 1664,
pet. in-12, fig. de la procession et des charlatans,
mar. citr. fil. tr. dor. (*Rel. anc.*)

696. Les Avantures du baron de Fœneste par Théodore Agrippa d'Aubigné, nouv. édition augmentée de Remarques historiques (par Le Duchat),
de l'Histoire secrète de l'auteur écrite par lui-
même, etc. *Amsterdam*, 1731, 2 vol. in-12, frontispice, gr. v. fauve. (*Exempl. de Soubise.*)

697. Les Avantures du baron de Fœneste, par Th.
Agrippa d'Aubigné, édition revue et annotée par
Pr. Mérimée. *Paris, P. Jannet*, 1855, gr. in-16,
mar. vert, fil. dos orné, tr. dor. (*Lortic.*)

Exemplaire sur papier de Chine.

698. Les Négociations de Monsieur le Président
Jeannin. *Jouxte la copie de Paris, chez Pierre Le
Petit (Leyde, Nic. Hercules)*, 1659, 2 vol. in-12,
mar. bleu, fil. tr. dor.

Édition qui se joint à la collection des Elsevier. Bel exemplaire grand de
marges.

699. La Mort d'Henry le Grand découverte à Naples en 1608, par Pierre du Jardin, sieur et capitaine de La Garde, natif de Rouen, 31 pages.

— Le Véritable Manifeste sur la mort d'Henry
le Grand, par la Damoiselle d'Escoman. 1616,
15 pages (réimpressions du xviiie siècle), in-12,
mar. r. dent. tr. dor. (*Rel. anc.*)

700. Codicilles de Louis XIII, roy de France et de
Navarre, à son très cher fils aisné successeur en
ses royaumes de France et de Navarre, Canada,
Mexique, etc., pour devenir le plus puissant roy,
plus impérieux que Charlemagne, plus débonnaire que sainct Louis, plus aimé de ses peuples
que Louis XII, etc. (A la fin :) *Achevé d'imprimer
le 7e d'aout* M.DC.XLIII, 4 part. en 1 vol. in-24,
vélin, dans un étui.

Petit livre aussi singulier que rare. Exemplaire grand de marges.

701. Mémoires de feu M. le duc d'Orléans (Gaston,
frère de Louis XIII), contenant ce qui s'est passé
en France de plus considérable, avec un Journal
de sa vie (rédigé par Algay de Montagnac). *Amsterdam, P. Mortier*, 1685, pet. in-12, mar. r. fil.
tr. dor. (*Rel. anc.*)

702. Mémoire d'un favory de S. A. R. M. le duc
d'Orléans (par Dubois d'Annemetz). *A Leyde, chez
Jean Sambix* (*Bruxelles, Foppens, à la Sphère*),
1668, in-12, mar. rouge, fil. tr. dor. (*Thibaron*).

Petit volume rare. Exemplaire grand de marges.

703. Mémoires de M. de Montrésor. Diverses pièces
durant le ministère du cardinal de Richelieu. Relation de M. de Fontrailles (et autres pièces curieuses). *Cologne, J. Sambix* (*Bruxelles, Foppens,
à la Sphère*), 1663-1665, 2 vol. in-12, mar. éc. dos
orné, fil. tr. dor. (*Rel. anc.*)

Première édition.

704. Mémoires de M. de Montrésor. Diverses pièces
durant le ministère du cardinal de Richelieu.
Relation de M. de Fontrailles, etc. *Leyde, Jean*

Sambix (*Bruxelles, Fr. Foppens*), 1665, 2 vol.
pet. in-12, vélin.

Exemplaire NON ROGNÉ et parfaitement conservé. Très-rare dans cet état,
peut-être unique.

705. Benjamini Prioli ab excessu Ludovici XIII de
Rebus Gallicis historiarum libri XII. *Carolopoli,
typis Gedeonis Ponceleti*, 1665, in-4, mar. rouge,
fil. tr. dor. (*Du Seuil.*)

Exemplaire en grand papier, aux armes et aux chiffres du président, depuis chancelier Séguier.

706. Mémoires de M. D. L. R. (de la Rochefoucauld)... Apologie pour M. de Beaufort. Mémoires
de M. de la Chastre. *Cologne, Pierre Van Dyck*
(*Bruxelles, Fr. Foppens*), 1664, pet. in-12, mar.
rouge, fil. dos orné à mosaïque, tr. dor. (*Lortic.*)

Première édition, avec le feuillet d'errata. Hauteur : 132 mill.

707. Mémoires de M. de Gourville, concernant les
affaires ausquelles il a été employé depuis 1642
jusqu'en 1698. *Paris, Est. Ganeau,* 1724, 2 vol.
in-12, veau fauve, fil. (*Aux armes et aux chiffres
du comte d'Hyom.*)

708. Les Mémoires de feu Monsieur le Duc de Guise
(rédigés par Ph. Goibaud du Bois, et publ. par
Saint-Yon, secrétaire du duc). *Paris, Edme Martin et Sébastien Cramoisy,* 1668, in-4, mar. rouge,
fil., encadrements à la Du Seuil, tr. dor. (*Anc. rel.
avec armoiries sur les plats.*)

Édition originale. Bel exemplaire réglé.

709. Mémoires pour servir à l'histoire de Louis XIV,
par l'abbé de Choisy. *Utrecht, Van-de-Water,*
1727, 2 tom. en 1 vol. in-12, mar. citr. fil. tr.
dor.

Aux armes du comte de Cobenzel, gouverneur des Pays-Bas autrichiens.

710. RECUEIL DES PORTRAITS et éloges en vers
et en prose (de personnages du temps, par mademoiselle de Montpensier et autres). *Paris, Ch.
de Sercy et Cl. Barbin,* 1659, in-8 de 912 pages,

front. gr., mar. r. dos et coins fleurdelisés, tr.
dor. (*Rel. anc.*)

PRÉCIEUX EXEMPLAIRE de dédicace aux armes de MADEMOISELLE. Sur
le titre se trouve la signature de *Charles de Lorraine.*

C'est la troisième édition de ce célèbre recueil. La première, imprimée à
Caen en 1659, aux dépens de MADEMOISELLE, sous le titre de : DIVERS
PORTRAITS, ne fut tirée, suivant Segrais, qu'à 30 exemplaires, et est devenue introuvable. Celle-ci, qui n'est guère moins rare, présente un bien plus
grand nombre de portraits. On en compte plus de 100, au lieu de 59 que
contient seulement l'édition originale.

Le frontispice, gravé par Chauveau, porte cet intitulé : *La Galerie de
peintures ou Recueil des portraits en vers et en prose.*

711. Recueil de diverses pieces curieuses pour servir à l'histoire. *A Cologne, par Jean Du Castel
(Bruxelles, Fr. Foppens),* 1644, in-12, mar.
rouge, dos orné, dent. tr. dor. (*Simier.*)

Aux armes de lord Stuart de Rothesay.

712. Les Risées de Pasquin, ou l'Histoire de ce qui
s'est passé à Rome entre le Pape et la France
dans l'ambassade de M. de Crequi. *Cologne (Hollande),* 1674. — Entretiens curieux touchant les
plus secrètes affaires de plusieurs cours de l'Europe. *Cologne (Holl.),* 1674 ; pet. in-12, mar.
vert, fil. tr. dor. (*Derome.*)

Exemplaire de Châteaugiron, du marquis de Roure (avec une note), de
Millot et de B. Delessert.

713. Testament politique de Messire J.-B. Colbert...
où l'on voit tout ce qui s'est passé sous le règne
de Louis le Grand jusqu'en l'année 1684. *La Haye,
Henri Van Bulleren,* 1704, in-12, mar. vert,
dos orné, fil. tr. dor. (*Boyet.*)

714. Mémoires des avantures singulières de la cour
de France, dédiés à Mme la duchesse de La Ferté
(par la comtesse d'Aulnoy). *La Haye, J. Alberts,*
1692, pet. in-12, mar. r. dos orné, fil. tr. dor.
(*Rel. anc.*)

715. Souvenirs de Madame de Caylus, nouvelle
édition, avec une introduction et des notes par
M. Ch. Asselineau. *Paris, J. Techener,* 1860, pet.

in-8, portr. mar. citr. dos orné, fil. dent. int. tr.
dor. (*Hardy.*)

Exemplaire sur papier de Hollande, avec les figures en doubles épreuves avant la lettre.

716. Relation de l'affaire de Larache (ou Récit de
l'expédition des chaloupes qui furent détachées
le 27 juin 1765, par M. Duchaffault, chef d'es-
cadre, pour aller mettre le feu aux corsaires qui
étaient dans le port de Larache (Maroc), par
Bidé de Maurville). *Amsterdam*, 1775, in-8, pap.
de Hollande, mar. rouge, fil. tr. dor. (*Rel. anc.*)

717. Mémoires sur madame la duchesse de Saint-
Leu (Hortense), ex-reine de Hollande, suivis de
Romances composées et mises en musique par
elle-même, et ornés d'un portrait et de douze
gravures. *Londres, Colbarn et Bentley*, 1832, in-4
oblong, demi-rel. m. viol. fil. tr. dor.

Les 12 gravures ont été exécutées d'après les dessins de la reine Hortense.
Ce livre, qui n'est pas connu en France, paraît avoir été tiré à petit
nombre.

---

718. Origine des dignitez et magistrats de France,
par Cl. Fauchet. *Paris, Jérémie Périer*, 1600. —
— Origine des chevaliers, armoiries et héraux,
par le même. *Paris, le même*, 1600; in-8, v. f.
fil. tr. dor. (*Derome.*)

719. RECHERCHES CURIEUSES des monnoyes de France,
depuis le commencement de la monarchie, par
Claude Bouterouë. *Paris, Edme Martin*, 1666,
in-fol., fig., mar. bl. dos orné, comp. à la Du
Seuil, tr. dor. (*Rel. anc.*)

Bel exemplaire en grand papier d'un livre rare, surtout sur ce papier.

B. Histoire des villes et provinces de France.

720. Versailles ancien et moderne, par le comte
Al. de Laborde. *Paris*, 1839, gr. in-8, fig. et vign.,
mar. rouge, large dent. tr. dor. (*Capé.*)

Très-bel exemplaire lavé et encollé. De la bibliothèque d'ARMAND BERTIN.

721. Anet, son passé, son état actuel. Notice historique sur les personnages qui ont illustré ce séjour; sur les phases diverses qu'a subies son
architecture et sur les' principaux événements
dont il a été le théâtre (par le comte Riquet de
Caraman). *Paris, Benj. Duprat*, 1860, in-8 carré,
veau fauve, fil. dent. tr. dor. (*Bedford.*)

Ouvrage curieux contenant 25 photographies relatives au château d'Anet.
Tiré à petit nombre.

722. Le Château de Chambord, par L. de La Saussaye. *Lyon, L. Perrin*, 1859, in-8, fig., mar. bl.
fleurs de lis sur le dos et aux coins des plats,
dent. int. tr dor. (*Duru.*)

723. Hystoire agrégative des Annales et Cronicques
d'Anjou..... et pareillement plusieurs faicts dignes
de mémoires advenuz tant en France, Italie, Espaigne, Angleterre et autres royaulmes tant chrestiens que sarrazins depuis le temps du deluge.... .
recueillies et mises en forme par messire Jean de
Bourdigne. *On les vend a Angiers.* (A la fin :)
*Nouvellement imprimees a Paris par Anth. Couteau pour Charles de Boigne et Clement Alexandre,
marchans libraires demourant à Angiers, et furent
acheuees de imprimer au moys de Janvier l'an
Mil cinq cens* XXIX (1529), in-fol. goth. à longues
lignes, marque de Galliot du Pré, mar. rouge,
fil. tr. dor. (*Bedford.*)

Exemplaire très-grand de marges. La reliure de ce livre a été copiée sur
l'ancienne.

724. Histoire civile et politique de la ville de
Reims, par M. Anquetil, chanoine régulier. *Reims,
Delaistre-Godet*, 1756, 3 vol. in-12, front. gr.
mar. vert, large dent., tr. dor. doublé de tabis
rose.

Bel exemplaire, richement relié aux armes de Lamoignon. Le frontispice
du premier volume est imprimé sur de la soie jaune, et ceux des tomes II
et III le sont en rouge sur papier.

725. Icones et Epitaphia quatuor postremorum ducum Burgundiæ... Les Pourtraits des quatre derniers ducs de Bourgogne de la maison de Valois (par Est. Tabourot). *Paris, J. Richer,* 1587, pet. in-8, 22 ff., mar. r. tr. dor. (*Duru.*)

Quatre jolis portraits finement gravés en taille-douce d'après les dessins de Nicolas d'Hoey, peintre, pris sur les peintures et statues qui sont aux Chartreux de Dijon.
De la biblioth. d'Aug. Veinant.

726. J. Fustaillierus. De Urbe et antiquitatibus Matisconensibus liber ex codice autographo eruptus J. Baux, nunc primum editus cura et sumtibus N. Yemeniz. *Lugduni, Perrin,* 1846. — De la Ville et des antiquités de Mâcon, par J. Fustaillier, trad. en français par J. Baux. *Lyon, L. Perrin,* 1846, 2 part. en 1 vol. in-8, mar. bleu, fil. dent. tr. dor. (*Trautz-Bauzonnet.*)

Exemplaire en grand papier vergé. Tiré à petit nombre et non mis en vente. Exemplaire de M. Yemeniz.

727. Notitia utriusque Vasconiæ, tum Ibericæ tum Aquitanicæ, authore Arnaldo Oihenarto. *Parisiis, Seb. Cramoisy,* 1638, in-4, v. jasp. fil.

Exemplaire en grand papier. On a conservé à l'intérieur les armes d'un abbé qui se trouvaient sur la reliure primitive.

728. Traité en forme d'abrégé de l'histoire d'Aquitaine, Guyenne et Gascogne, par M. P. Louvet de Beauvais, docteur en médecine. *Bourdeaux, par G. de La Court,* 1659, in-4, v. fil.

Livre rare. Exemplaire aux armes et aux chiffres du président de Ménars, acquéreur de la bibliothèque de J.-A. DE THOU.

729. Recueil en forme d'histoire de ce qui se trouve par escrit de la ville et des comtes d'Engolesme... par François de Corlieu, procureur du Roy à Engolesme. *A Engolesme, par Jean de Minières, imprimeur,* 1566, in-4, v. fauve. (*Aux chiffres et armes de J.-A. de Thou.*)

Livre rare. L'auteur date la dédicace de son livre à M. de Nesmond du 1er octobre 1576, et, comme il y parle d'un fait arrivé en 1572, il est évident que la date mise sur le titre est fautive et qu'il faut lire 1576.

730. Les Chastelains de Lille, leur ancien estat, office et famille. Ensemble... des forestiers et comtes

anciens de Flandre... par Floris Van Der Haer. *Lille, de l'impr. de Chr. Beys,* 1611, in-4, v. f. *(Aux armes de J.-A. de Thou.)*

Cet ouvrage a passé longtemps pour être le premier livre imprimé à Lille. On sait maintenant que cet honneur est dû à un petit volume intitulé : *De indulgentiis tractatus brevis... authore Joanne Capelio. Insulis, excudebat Antonius Tack,* 1595, pet. in-8. (Voir le *Dictionnaire de géographie* (par P. Deschamps), *Paris, Didot,* 1870, col. 656-657.)

731. La Vie et Trespas des deux princes de paix, le bon duc Antoine, et saige duc Francoys premiers de leurs noms ducz de Lorraine, marchis, ducz de Calabre, de Bar... qui trespassèrent en moyns d'ung an. Ensemble les royales... cerimonies observees et accomplies à leurs funerailles et enterremens. Avec... une lamentable deploration sur leur trepas, le tout recueilli... par maistre Emond du Boullay... Roy d'armes de tres hault... prince Charles tiers, duc de Lorraine, 1547. (A la fin :) *Imprimé en la cité impériale de Metz... l'an mil cinq cents quarante sept, par Jehan Pallier,* in-4, blasons en couleur, v. éc. fil. tr. dor.

Ouvrage rare. Il s'y trouve deux pièces en vers, l'une intitulée : *le Voyage de M. le duc Anthoine... l'an* 1543, *près de l'empereur Charles d'Austriche, pour traicter la paix entre S. M. et le roy François de Valloys,* et l'autre : *la Déploration sur le trespas des bon duc Antoine et saige duc François.*

2. *Histoire de Belgique, d'Espagne, d'Angleterre, etc.*

732. La Legende des Flamens, Artisiens et Haynuyers. Ou autrement leur cronique abregee en laquelle sont contenues plusieurs hystoires de France, Angleterre et Allemaigne. Avecqs les Genealogies et descentes des roys de Naples et Sicille. Ils se vendent a Paris en la rue Sainct Jacques a lenseigne Sainct Claude (chez Fr. Regnault). — *Nouvellement imprime a Paris et a este acheve le xxe jour de may mil cinq cens xxij;* in-4, fig. sur bois, vélin, tr. dor.

Chronique rare, et bel exemplaire très-grand de marges dans sa première reliure. Sur le feuillet de garde se trouve la signature d'Adam Fumée, maitre des requêtes sous Charles IX, avec sa devise : « Il viendra. » Il était petit-fils d'Adam Fumée, chancelier des rois de France Louis XI et Charles VIII.

La Croix du Maine dit qu'il a laissé plusieurs ouvrages non encore publiés.

733. Histoire du bon chevalier messire Jacques de Lalain, frère et compagnon de l'ordre de la Toison d'or, escrite par Messire Georges Chastellain, chevalier, historiographe des Ducs de Bourgongne Philippe le Bon et Charles le Hardy, mise nouvellement en lumière (par Jules Chifflet). *Bruxelles, chez la veuve d'Hubert-Antoine Velpius,* 1634, in-4, portr., v. fauve, fil. dent. int. tr. dor. (*Bedford.*)

Livre rare, surtout avec le curieux portrait de J. de Lalain, qui manque souvent.

L'auteur de ce livre n'est pas Georges Chastelain, mais Jean Le Febvre, seigneur de Saint-Remy, roy d'armes de la Toison d'or. (*Biogr. génér. de Didot,* t. XXVIII, col. 942.) « La chronique de J. de Lalain, qui doit avoir été composée entre 1468 et 1474, nous représente l'état de la société au quinzième siècle et offre des renseignements curieux sur la cour de Bourgogne de 1440 à 1455. » (*Catal. de Borluut de Noordonck,* nº 3601.)

734. LA TRES ADMIRABLE, tres magnificque et triumphante entrée, du très hault Prince Philipes, Prince d'Espaignes, filz de Lempereur Charles Vᵉ, ensemble la vraye description des spectacles, théâtres, archz triumphaulx, etc., lesquelz ont esté faictz, et bastis à sa très desirée reception en la très renommée ville d'Anvers, anno 1549, composée en langue latine par Cornille Grapheus... et traduicte en françois. (A la fin :) *Imprimée à Anvers pour Pierre Coeck d'Allost par Gillis Van Diest,* 1550, in-fol., 58 feuillets, figures sur bois, mar. bleu à comp. tr. dor. (*Hagué.*)

Ouvrage curieux par les nombreuses figures sur bois dont il est orné.

735. Ordonnance et instruction selon laquelle se doivent conduire et régler les changeurs, etc. (en flamand). *Anvers, Hier. Verdussen,* 1633, in-fol. format d'agenda, mar. r. fil. tr. dor. (*Trautz-Bauzonnet.*)

Volume rare, contenant 4 feuillets pour le titre et l'ordonnance (en flamand), et 122 feuillets pour les figures des monnaies de divers pays.

736. Édits de la République de Genève. *A Genève,
chez les Frères de Tournes,* 1735. — Edits civils
de la République de Genève. *Genève,* 1735. —
Ordonnances ecclésiastiques de l'Eglise de Genève. *Genève,* 1735. — Règlement de l'illustre
médiation pour la pacification des troubles de la
République de Genève. *Genève,* 1738. — Traité
entre Sa Majesté le roi de Sardaigne et la République de Genève. *Genève,* 1734; ens. 5 pièces en
un vol. in-8, demi-rel. parch.

Cet exemplaire a appartenu à J.-J. ROUSSEAU, qui a écrit son nom sur le
titre et quelques notes très-brèves dans plusieurs endroits du volume. Sur
les feuillets de garde se trouve une note autographe de Samuel Romilly, en
anglais, qui constate cette particularité.

737. La Valteline, ou mémoires, discours, traictez
et actes des négotiations sur le sujet des troubles
et guerres survenues en la Valteline et au pays
des Grisons... en l'an 1620 jusques en l'an 1629.
S. l. 1631, in-8, mar. rouge, jans. dent. int. tr.
dor. (*Trautz-Bauzonnet.*)

737 *bis.* Mémoires des desseins de la maison d'Autriche (sur les affaires présentes, sur les monve-
ments de la Valteline). *Genève, P. Aubert,* 1633,
in-8, mar. r. tr. dor. (*Chambolle*).

738. HISTOIRE DU CARDINAL XIMENÈS, par messire
Esprit Fléchier. *Paris, Jean Anisson,* 1693, in-4,
réglé, mar. r. dos orné, encadr. à la Du Seuil,
doublé de mar. r. large dent. tr. dor. (*Du Seuil.*)

Édition originale. Bel exemplaire.
Ce livre contient un beau portrait de Ximenès par Edelinck, 6 jolies vignettes en tète des 6 livres par Séb. Le Clerc, autant de culs de-lampe et un
fleuron sur le titre, par le même.

739. Epistre de la persécution meue en Angleterre
contre l'Eglise chrestienne catholique et apostolique, et fidèles membres d'icelle, où sont de-
clarez les très grandes afflictions, misères et cala-
mitez, les tourmens très cruels et martyres admirables, que les fidèles Chrestiens anglois y souf-
frent pour leur foi et religion. *Paris, chez Th.*

Brumen, 1582, pet. in-8, 4 ff. lim. et 151 pages, vélin.

Bel exemplaire d'une pièce rare.

Cette épitre est du célèbre jésuite Robert Parson ; elle a été traduite du latin en français par Math. de Launoy, et la traduction est plus rare que l'original. A la fin du volume se trouve une autre épitre par Alex. Brianus, qui était prisonnier à la tour de Londres et qui fut mis à mort avec le P. Campion.

740. Ad persecutores Anglos pro Catholicis domi forisque persecutionem sufferentibus ; contra falsum, seditiosum et contumeliosum libellum, inscriptum ; Justitia Britannica. Vera responsio... Scripta primum idiomate anglicano, et deinde translata in latinum. (*Sine loco et anno*), in-8, mar. r. fil. tr. dor. (*Rel. du* XVIe *siècle.*)

Cet ouvrage est du cardinal William Alan ou Allen, mort à Rome en 1594. Exemplaire du pape SIXTE-QUINT. Les armoiries du pape, peintes en couleur sur l'écu doré, placé au centre des plats, et entouré des attributs de la papauté, ont été en grande partie effacées.

741. L'INNOCENCE DE LA TRÈS-ILLUSTRE, très-chaste et débonnaire princesse, MADAME MARIE, ROYNE D'ECOSSE... où sont amplement réfutées les calomnies faulces... publiées par un livre secrettement divulgué en France, l'an 1572, touchant la mort du seigneur d'Arley, son époux, que autres crimes, dont elle est faulcement accusée (par F. de Belleforest). (*S. l.*) *Imprimé l'an* 1572, in-8, réglé, mar. bl. tr. dor. (*Trautz-Bauzonnet.*)

Bel exemplaire, grand de marges. De la bibliothèque d'A. Veinant. Cet ouvrage est la réfutation de celui de Buchanan . *Histoire de Marie, royne d'Ecosse*, etc.

742. HISTOIRE ET MARTYRE de la Royne d'Escosse, douairière de France... contenant les trahisons à elle faites par Elizabet angloise, par où on cognoist les mensonges calomnies et faulses accusations envers cette bonne princesse innocente (par Adam Blacwod). Avec un petit livre de sa mort... *Paris, pour Guill. Bichon*, 1589, 2 part. en 1 vol. in-16, mar. bleu, dos orné à petits fers, fil. tr. rouge.

C'est la plus rare édition du livre de Blacwod, qui est ici accompagné d'une

seconde partie. Nous n'avons pas malheureusement le titre de la première,
que nous avons transcrit ci-dessus d'après le *Manuel du libraire*, III, col.
1917. Il est remplacé dans notre exemplaire par le titre de la seconde, qu'on
a enlevé avec les 3 ff. de l'*Avis au lecteur* pour le mettre en tête du volume. Voici ce titre : *la Mort de la royne d'Ecosse (Marie Stuart), douairière de France, où est contenu le vray discours de la procédure des Anglois à l'exécution d'icelle.* M.D.LXXXIX. (A la fin :) *Achevé d'imprimer ce
dernier jour de décembre* 1588.

D'après M. Brunet, il faudrait 4 planches à la fin du volume. (Voyez *Man.
du libr.*, III, col. 1509 et 1917.)

L'exemplaire est dans une fort jolie reliure aux armes de la COMTESSE DE
VERRUE.

743. Maria Stuarta Regina Scotiæ, dotaria Franciæ,
hæres Angliæ et Hyberniæ, Martyr ecclesiæ, inno-
cens a cæde Darleana, vindice Oberto Barnesta-
polis... *Ingolsdatii, ex officina Wolfgangi Ederi,*
1588, in-8, mar. bleu, fil. tr. dor. (*Armoiries de
lord Stuart de Rothsay.*)

Première édition.

744. Vita Mariæ Stuartæ Scotiæ reginæ... scriptore
Georgio Conæo Scoto. *Romæ, apud J. P. Gellium,*
1624, pet. in-12, mar. br. tr. dor. (*Trautz-Bauzonnet.*)

Sur le feuillet de garde se trouve un *ex-dono autoris.*

745. Mémoires de Edouard Lord Herbert de Cher-
bury, ambassadeur en France sous Louis XIII,
traduits pour la première fois en français par le
comte de Baillon. *Paris, J. Techener,* 1863, in-4,
figure et vignettes gravées à l'eau-forte, cart. toile
percal. n. rog.

746. Mémoires de Maximilien-Emmanuel duc de
Wurtemberg, colonel d'un régiment de dragons
au service de Suède, contenant plusieurs particula-
rités de la vie de Charles XII roi de Suède, depuis
1703 jusqu'en 1709, après la bataille de Poltowa,
par Mr F. P. *Amsterdam et Leipzig,* 1740, in-12,
portraits, v. m. (*Aux armes de J.-B. Fleuriau
d'Armenonville, comte de Morville.*)

747. Cælii Secundi Curionis de bello Melitensi historia nova. Item Jo. Valettæ Melitensium prin-
cipis Epistola, Summam ejusdem belli complexa.

Basileæ, per Joan. Oporinum, 1567, in-8, mar. vert, fil. dos orné, tr. dor. (*Rel. anc.*)

Exemplaire de GIRARDOT DE PRÉFOND.

748. De Rebus Hispanicis, Lusitanicis, Aragonicis, Indicis et Æthiopicis, Damiani à Goes, Hier. Pauli, Hier. Blanci, Jac. Tevii, Opera. *Coloniæ Agrippinæ*, 1602, in-8, mar. r. fil. tr. dor.

Aux armes de JAC.-AUG. DE THOU et de sa première femme, Marie de Barbançon-Cany.

VI. HISTOIRE DE LA CHEVALERIE ET DE LA NOBLESSE.

749. Traité des Tournois, joustes, carrousels et autres spectacles publics (par le P. Menestrier). *Lyon, chez Michel Mayer*, 1674, in-4, vignettes à l'eau-forte dans le texte, mar. la Vall. dent. int. tr. dor. (*Duru.*)

Exemplaire de Solar.

750. COMBAT A LA BARRIÈRE, faict en cour de Lorraine, le 14 febvrier en l'année présente 1627. Représenté par les discours et poésies du sieur Henry Humbert, enrichy des figures du sieur Jacques Callot et par luy-même dédiée à madame la duchesse de Chevreuse. *Nancy, par Seb. Philippe*, 1627, in-4, front. et planches, vélin blanc, fil. coins ornés, tr. dor. (*Reliure moderne, avec les anciennes armes de France.*)

Volume rare, contenant un frontispice et 9 grandes planches.

751. Traitez et Advis de quelques gentils-hommes françois, sur les duels et gages de bataille, ascavoir de messire Olivier de la Marche, de messire Jean de Villiers Sʳ de Lisle Adam, de messire Hardouin de la Jaille, et autres escrits sur le même sujet. *Paris, chez Jean Richer*, 1586, in-8, mar. la Vall. jans. dent. int. tr. dor. (*Duru.*)

Livre rare. Sur le titre, la signature de Cl. Chrestien, fils de Florent Chrestien et amateur de livres.

752. Le Combat de seul à seul en camp clos, par messire Marc de la Béraudière, capitaine de cinquante hommes d'armes, seigneur de Mauvoisin. *Paris, chez Abel l'Angelier,* 1608, in-4, mar. rouge, jans. dent. int. tr. dor. (*Trautz-Bauzonnet.*)

Volume rare.

753. La Nourriture de la noblesse, où sont representées, comme en un tableau, toutes les plus belles vertus qui peuvent accomplir un jeune gentilhomme, à Mgr le duc de Vendosme, par le Sr Pelletier. *Paris, par la veufue Mamert Patisson,* 1604, in-8, v. fauve, dos orné, fil. dent. int. tr. dor. (*Bedford.*)

754. Histoire généalogique de la maison de Montmorency et de Laval, justifiée par chartes, tiltres, arrests et autres bonnes et certaines preuves, enrichie de plusieurs figures et divisée en XII livres, par Andre Du Chesne, Tourangeau. *Paris, chez Sébastien Cramoisy,* 1624, in-fol. velours.

Les armoiries placées dans le texte de cet ouvrage ont été coloriées.

755. Armorial des principales maisons et familles du Royaume, particulièrement de celles de Paris et de l'Ile-de-France, contenant les armes des princes, seigneurs, grands officiers de la Couronne et de la maison du Roi, celles des cours souveraines, etc., par M. Dubuisson, ouvrage enrichi de près de 4000 écussons gravés en taille-douce. *Paris, H.-L. Guérin et Delatour,* 1757, 2 vol. in-12, frontispice. v. m.

VII. ARCHÉOLOGIE.

756. Discours de la Religion des anciens Romains. De la Castrametation et discipline militaire d'iceux. Des Bains et Antiques exercitations grecques et ro-

maines. Escript par S. Guillaume du Choul. Illustré de Médailles et figures retirées des marbres
antiques qui se treuuent à Rome, et par nostre
Gaule. *A Lyon, par Guillaume Rouille*, MDLxvii,
2 part. en 1 vol. in-4, réglé, nombr. fig. sur bois,
vélin doré.

Belle reliure du seizième siècle, dos et plats couverts de G G entrelacés et
d'arabesques. Exemplaire YEMENIZ.

757. Dissertation sur les attributs de Venus par
M. l'abbé de la Chau. *Paris, de l'impr. de Prault*,
1776, in-4, figure, vignettes et planche de médailles, demi-rel. avec coins, v. fauve, dos orné,
doré en tête, n. rog. (*Bedford.*)

Avec l'estampe de la *Vénus anadyomène*, gravée par Saint-Aubin, avant
la bordure et la coquille.

758. Le Reveil de Chyndonax, prince des Vacies,
Druydes celtiques dijonnois. Avec la saincleté,
religion et diversité des cérémonies observées
aux anciennes sépultures, par J. G. D. M. D.
(J. Guénebauld, docteur médecin dijonnois).
Dijon, Claude Guyot, imprimeur, 1621, pet.
in-4, fig., mar. citr. dos orné, fil. tr. dor. (*Rel.
anc.*)

Bel exemplaire, avec la figure de l'urne qui manque quelquefois.

759. Discours sur les médalles et graveures antiques principalement Romaines... par Antoine Le
Pois, conseiller et médecin de Mgr le duc de Lorraine. *Paris, par Mamert Patisson*, 1579, in-4,
portr. et pl., vélin blanc, fil. tr. dor.

Bel exemplaire bien complet, avec la planche qui manque souvent.

760. Recueil de sculptures antiques greques (*sic*)
et romaines (trouvées dans les ruines des palais
de Néron et de Marius). (*Nancy*) 1754, pet.
in-fol. maroquin rouge, fil. tranche dor. (*Aux
armes de Machault d'Arnouville, contrôleur des
finances*).

VIII. BIOGRAPHIE.

761. Cornelii Nepotis excellentium Imperatorum vitæ. *Londini, ex officina Jacobi Tonson,* 1715, in-8, frontispice gr., mar. rouge, fil. tr. dor. (*Aux armes du prince Eugène de Savoie.*)

Exemplaire en grand papier.

762. OEUVRES DU SEIGNEUR DE BRANTÔME, édition considérablement augmentée et accompagnée de remarques historiques et critiques (par le Duchat, Cl. Lancelot et Prosp. Marchand). *La Haye,* 1740, 15 vol. pet. in-12, frontisp. à chaque vol., mar. v. fil. dos orné, tr. dor. (*Rel. anc.*)

763. Étude biographique et bibliographique sur Symphorien Champier, par Allut. *Lyon, Nic. Scheuring (impr. de L. Perrin),* 1859, gr. in-8, portr., mar. rouge, filets, dos orné, tr. dor. (*Bedford.*)

764. Vidi Fabricii Pibrachii vita scriptore Carolo Paschalio, ad clariss. virum P. Forgetum. *Parisiis, apud Rob. Columbellum (à l'ancre des Alde),* 1584, in-12, mar. r. ornem. tr. dor. (*Lortic.*)

765. Vie de Jérôme Bignon, avocat général, par l'abbé Perau. *Paris, J.-Th. Hérissant,* 1757, in-12, mar. r. dos orné, fil. tr. dor.

Aux armes d'Armand-Jérôme Bignon, prévôt des marchands et bibliothécaire du roi.

766. Histoire de la vie et des ouvrages de P. Corneille, par J. Taschereau, 2ᵉ édition. *Paris, P. Jannet,* 1855, gr. in-16, mar. r. tr. dor. (*Lortic.*)

Exemplaire sur papier de Chine.

767. Tres Orationes funebres in exequiis Jo. Eckii Theologi, Ingolstadii habitæ. *Ingolstadii, excud. Alex. Vueissenhorn, M.D.XLIIII,* in-8, mar. bl.

milieu orné, tr. dor. (*Lortic.*) — Oratio funebris pro rever. patre dom. Joh. à Wirsberg... Joh. Eckio patronum optimum deplorante. *S. l.*, *M.D.XXXVII*, in-8, 8 ff. mar. bl. tr. dor. (*Lortic.*)

768. La Vie et les Sentiments de Lucilio Vanini (par David Durand). *A Rotterdam, aux depens de Gaspar Fritsch*, 1717, in-12, v. fauve.

Exemplaire de Guyon de Sardière, avec sa signature sur le titre.

769. Histoire de Louis Mandrin, depuis sa naissance jusqu'à sa mort, avec un détail de ses cruautés, de ses brigandages et de son supplice (par Terrier de Cléron). *Amsterdam, chez E. van Harrevelt*, 1755, pet. in-8, portrait, v. marbré, fil.

IX. BIBLIOGRAPHIE.

770. Bibliothèque protypographique, ou Librairies des fils du Roi Jean, Charles V, Jean de Berri, Philippe de Bourgogne et les siens. *Paris, de l'imprimerie de Crapelet*, 1830, in-4, figures, facsimile en noir et en couleur, mar. rouge, dos orné, fil. dent. int. tr. dor. (*Lortic.*)

Exemplaire de l'auteur, le seul avec les planches en couleur. Il était, lors de la vente Barrois, relié en veau.

771. Les Manuscrits françois de la Bibliothèque du Roi, leur histoire et celle des textes allemands, anglois, hollandois, italiens, espagnols de la même collection, par Paulin Paris. *Paris, Techener*, 1836-1848, 7 vol. in-8, demi-rel. mar. bl. avec coins, tr. sup. dorée, n. rogn. (*Thompson.*)

Exemplaire en grand papier vélin.

772. Catalogue des livres rares et précieux de feu M. Gouttard, par Guillaume de Bure fils aîné.

Paris, G. de Bure fils ainé, 1780, in-8, mar. r. dos orné, fil. tr. dor. (*Derome.*)

Avec les prix ms. Bel exemplaire de M. de La Bédoyère.

---

773. Histoires prodigieuses extraictes de plusieurs fameux autheurs grecs et latins, sacrez et prophanes (par Boaistuau, C. de Tesserant, Belleforest, Arnauld Sorbin et J. de Marconville). *Paris, chez la veuve Guillaume Cavellat,* 1598, 6 tomes en 3 vol. in-16, jolies fig. sur bois, mar. brun, rosaces sur les plats, dent. int. tr. dor. (*Lortic.*)

774. Mort édifiante, ou Récit des dernières heures de Mademoiselle *** (Marguerite de La Musse). *La Haye, chez Arnout Leers,* 1684, pet. in-12, mar. r. plats dorés en plein à petits fers, tr. dor. (*Rel. du temps.*)

Petit livre rare. On lit sur le feuillet de garde cette note en anglais, qni fait connaître le nom de Mlle *** « This book was translated into english at the time with this title : « The Triumphs of Grace or the last words and edifying death of the lady Margaret de la Musse a noble french lady aged but sixteen years in may 1681. »

Mlle de La Musse était protestante.

FIN.

TABLE DES DIVISIONS.

HISTOIRE.

PARIS

TYPOGRAPHIE GEORGES CHAMEROT

19, RUE DES SAINTS-PÈRES, 19

www.ingramcontent.com/pod-product-compliance
Lightning Source LLC
Chambersburg PA
CBHW071620030726
47598CB00001B/358